Göttert
Magie im Alltag

Karl-Heinz Göttert

Magie im Alltag

Warum wir immer noch Daumen drücken
und auf Holz klopfen

Reclam

MIX
Papier aus verantwor-
tungsvollen Quellen
FSC® C105673

RECLAM TASCHENBUCH Nr. 20361
Alle Rechte vorbehalten
© 2003, 2014 Philipp Reclam jun. GmbH & Co. KG, Stuttgart
Reihengestaltung: büroecco!, Augsburg
Gesamtherstellung: Reclam, Ditzingen. Printed in Germany 2014
RECLAM ist eine eingetragene Marke
der Philipp Reclam jun. GmbH & Co. KG, Stuttgart
ISBN 978-3-15-020361-3

www.reclam.de

Inhalt

Magie in der Natur

Astrologie

Alchemie

Wahrsagung

Zeichen und Zeiten

Große Magier

Vorbemerkung

Was soll man machen mit dem Aberglauben? Ihn bekämpfen? Das auch! Vor allem dann, wenn es um Beutelschneiderei und Schlimmeres geht. Wenn wichtige Entscheidungen von windigen Horoskopen abhängig gemacht werden – oder jemand eine Operation aufschiebt, weil Pendel oder Mond es so wollen. Aber es muss nicht immer Bekämpfung sein. Kennen lernen ist auch wichtig. Der Aberglaube umgibt uns nun einmal, ob wir wollen oder nicht. Vieles von dem, was wir praktizieren, enthält Abergläubisches, ohne dass wir es wissen. *Dem* soll einmal nachgegangen werden. Ich drücke jemandem die Daumen. Was soll das mit Aberglauben zu tun haben, gar mit Dämonen? Es hat! Schon ein antiker Autor erzählt es.

Das Konzept wäre demnach: Abtasten des ganz normalen Aberglaubens im Alltag. Versuch der Erklärung im Rückgriff auf die Geschichte unserer Kultur, in Ansätzen auch fernerer Kulturen. Aus unendlich vielen Gebräuchen, Denkweisen, Sprüchen sind hier hundert Beispiele gewählt. Warum wird auf Holz geklopft? Aus welcher Haut fährt man, wenn man aus der Haut fährt? Wie hängt man Hufeisen auf? Was sind Berserker eigentlich wirklich? Weshalb wünschen wir einem Niesenden Gesundheit? Und so weiter und so fort. Um etwas Ordnung ins Chaos zu bringen, sind acht Kapitel angelegt. Wer sich mit dem Aberglauben befasst, merkt rasch, dass bestimmte Dinge etwas miteinander zu tun haben, auch wenn klare Abgrenzungen nicht möglich sind. Auf jeden Fall ist das Lesen etwas einfacher, wenn man eine Zeitlang beim Thema bleiben kann.

Den Anfang machen *Hexen, Geister und Dämonen*. Klar, dass hier die verschiedenen Wesen angesprochen werden, die einer ›anderen‹ Welt entstammen und entsprechend mehr ›können‹ als wir. So ist die Rede von den Dämonen, die nach biblischem Verständnis gefallene Engel darstellen. Es handelt sich um körperlose Gesellen, die sich den Menschen zur Hilfe anbieten, allerdings viel dafür fordern: deren Seele. Die Engel stehen auf der anderen Seite, helfen uneigennützig und stemmen sich den Dämonen entgegen. Aus heidnischer Tradition kommen all die anderen luftigen Gestalten hinzu, die die Natur bevölkern: Gespenster, Feen, Wassergeister wie Undine, die Menschengestalt annehmen können. Dann fast richtige Menschen wie die Zwerge und Riesen. Und am Ende die richtig richtigen Menschen, die ›Hexen‹, denen alles Mögliche angedichtet wurde.

Den zweiten thematischen Schwerpunkt bildet die Magie. Zunächst die *magische Zauberei*, also Zauberhandlungen von Personen. Es gibt viele Möglichkeiten, Gutes und Übles anzurichten oder sich vor Bösem zu schützen. Man kann mit Worten zaubern wie beim Besprechen von Wunden oder mit den Augen beim bösen Blick. Mal ist Liebe das Ziel, mal Jugend. Die einen stellen mit der Nadel allerlei Unfug an, die anderen mit Schuhen. Im Unterschied dazu existiert eine *Magie in der Natur*. Hier sind geheime Kräfte angesprochen, die sich der Kenner zunutze macht. Edelsteine und Kräuter spielen eine bedeutende Rolle. Fast immer sind dabei Analogien im Spiel, wenn etwa das tiefe

Blau eines Steines auf den Himmel deutet oder die Form eines Krautes auf die ›Form‹ der Krankheit. Daneben geht es um ›Sympathie‹, wie sie der Magnet zum Eisen zeigt, die wiederum auf vielerlei anzuwenden ist. Gedankenübertragung erklärt sich so, auch der Ausschlag der Wünschelrute.

Relativ leicht steht es im Falle der *Astrologie* mit der Abgrenzung. Hier also der Sternenglaube, vielleicht die verbreitetste Form des Aberglaubens überhaupt. Wie funktioniert Horoskopieren? Was sagt uns der Tierkreis, was die Planeten? Welche Rolle spielen ›Aspekte‹, wie kann man ein Horoskop missbrauchen? Und nicht nur das Geburtshoroskop wird behandelt. Auch an Vergessenes wie das Empfängnishoroskop oder die Anwendung des Sternenglaubens auf Länder bzw. deren Völker wird erinnert. Ebenfalls kaum Abgrenzungsprobleme gibt es mit der *Alchemie*, die wie die Astrologie ein eigenes ›Fach‹ bildete. Wie ging man heran an die Umwandlung der Metalle, vor allem an die Herstellung von Gold? Was hat es auf sich mit dem Traum vom ewigen Leben oder der Erzeugung von künstlichen Menschen? Ist hier die moderne Gentechnik vorweggenommen? Erfüllen Labors, was der Stein der Weisen versprach?

Ein Thema für sich bildet die *Wahrsagung*. Natürlich schaut auch der Astrologe in die Zukunft. Aber es existieren eben die verschiedenen weiteren Techniken, an dieses begehrte Wissen zu kommen. Man kann aus der Hand lesen oder in der Handschrift. Man kann Träume deuten oder den Kaffeesatz. Die Bauern haben ihre eigenen Regeln, vor allem fürs Wetter. Und wenn ein junges Mädchen wissen will, wer sein Zukünftiger sein wird, bieten sich ihm eine ganze Reihe von Möglichkeiten. Der Übergang fällt von da nicht schwer zu dem, was hier unter *Zeichen und Zeiten* zusammengestellt ist. Niesen etwa ist ein Zeichen; Haare sind es ebenfalls, besonders rote. Wer mit dem Finger auf jemanden zeigt, *macht* ein Zeichen. Wer Geburtstagskerzen ausbläst, muss aufpassen, dass er *keines* produziert. Für bestimmte Tätigkeiten gibt es richtige und falsche Zeiten. Man kann sich heute kaum mehr vorstellen, wie gerade diese Seite des Aberglaubens das Leben in der Vergangenheit bestimmt, ja bisweilen tyrannisiert hat. Und wir folgen einigem davon noch immer. Zum Beispiel, wenn manch einer nicht gerne an einem Freitag, dem Dreizehnten, heiratet. Von markanten Daten im Kalender wie Weihnachten oder Neujahr als Brennpunkten abergläubischer Praktiken ganz abgesehen.

Bleibt zum Schluss noch ein Blick auf die *großen Magier* der Geschichte, die in Gesprächen oder in den Medien regelmäßig auftauchen. Gerade hier war die Auswahl schwer. Die klassische Antike ist mit Pythagoras vertreten, das junge Christentum mit den ganz verschiedenen Konzepten von Wundertätern, die einige Verwirrung auslösten. Für das hohe Mittelalter steht der Berater von König Artus, der Zauberer Merlin, im Zentrum. Typisch für die spätere Phase sind die großen Skandalfiguren, die sogar die Entstehung des Christentums mit Astrologie in Verbindung brachten. Der Schwerpunkt liegt dann in der Renaissance, in der Zeit des Aufbruchs in die Neuzeit. Der antike Hermes wurde damals zum Oberphilosophen gemacht. Nostradamus ist der Prototyp des Wahrsagers, der in fernste Jahrhunderte schaute. Mit dem Namen von Agrippa von Nettesheim verbindet sich der enzyklopädische Kenner der Materie. Paracelsus gründet seine ›neue‹ Medizin auf die Alchemie. Danach ist in großem Sprung nur noch eine einzige neue Erscheinung erwähnt: der berüchtigtste Betrüger in der Zeit der Aufklärung, Graf von Cagliostro, Spezialist für Geisterbeschwörungen. Zwischendurch fallen auch andere Namen: David Copperfield und Harry Potter insbesondere.

Was ist der gemeinsame Nenner in dieser Vielfalt? Es geht im Prinzip in allen Beiträgen um Aktualität. Also keine Geschichte der Magie, keine systematische Darstellung ihrer ›Fächer‹. Das Kriterium lautet stets: Was ist noch da? Dabei sind Handlungen ans Licht gezogen, bei denen der Charakter des Abergläubischen mehr oder weniger verborgen ist. Das Daumendrücken ist ein solches Beispiel. Bei durchschautem Aberglauben geht es eher um die längst in Vergessenheit geratenen Hintergründe, Zusammenhänge. Amulette sind überall im Gebrauch. Was unterscheidet sie eigentlich von Talismanen? Und die Bedeutung von Jucken in der Hand? Ist das schlichter Köhlerglaube oder der Rest von professioneller Wahrsagung? Relikte des Aberglaubens bis zur völligen Sinnentleerung begleiten uns im Übrigen auf Schritt und Tritt: der Jungbrunnen wie der böse Blick, das Allheilmittel wie die Wünschelrute. Wenn wir uns im Schlager in den siebenten Himmel entführen lassen, darf man ja wohl einmal nachfragen, wo genau der eigentlich liegt.

Was soll herauskommen? Bestimmt keine Predigt! Eher die Einsicht, dass in der Fülle der einzelnen

Überzeugungen und Praktiken eine Einstellung deutlich wird, die sich mit der Natur auf eine besondere Weise eins weiß. Ein sympathischer Glaube, aber leider auch ein überholter. Die Moderne mutet uns anderes zu, eher das Gefühl der Fremdheit in und gegenüber der Natur. Umso verständlicher die insgeheime Sehnsucht nach dem Verlorenen. Es gibt kein Zurück, aber es darf Erinnerung geben. Der Glaube an Gespenster, das Vertrauen auf das Horoskop und dergleichen wirken je für sich genommen immer unglücklich, banal, peinlich. Der Blick aufs Ganze, auf die *Welt* des Aberglaubens, hat demgegenüber etwas Faszinierendes, beinahe Tröstliches. So war es einmal: unbegreiflich töricht im Einzelnen, wundervoll schön im Ganzen.

Vielleicht erklärt sich damit der insgesamt eher heitere als strafende Tonfall, die Ironie, die die Texte begleitet, oder der schräge, nicht immer ernsthafte Blick auf sie: mal kontra Aberglauben, mal auch pro. Wenigstens im Spaß möchte man gerne einmal Abergläubisches gegen mancherlei Wissenschaft eintauschen. Um das Lesen noch etwas spannender zu machen, ist ein Artikel untergemogelt, der mit gezinkten Karten bzw. gefälschten Quellen operiert. *Ganz* leicht herausfinden lässt er sich vielleicht deshalb nicht, weil so vieles gefälscht klingt, was es wirklich *nicht* ist. Übrigens rechne ich nicht nur mit ordentlichen Komplettlesern, sondern mit Blätterern. Deshalb habe ich der Versuchung widerstanden, die Titel der Artikel rhetorisch allzu sehr aufzumöbeln. Im Internet wird beispielsweise das Thema der Graphologie unter der Überschrift abgehandelt: »Kein Vertrauen in die Klaue«. Welch ein

14

schöner Einfall! Beim Blättern ist es dennoch praktischer, wenn man sofort weiß, worum es geht.

Zwei letzte Bemerkungen. Ich bedanke mich für Hilfe beim Recherchieren und Lesen bei Lydia Wegener und Anne Wehrmann. Gewidmet sei das Buch, nach längerer Zeit wieder einmal, meiner Frau. *Ein* Kapitel hätte ich ohne sie unmöglich schreiben können. Und nun – viel Spaß beim Lesen!

Hexen, Geister und Dämonen

Daumendrücken

Ob bei großen Sportveranstaltungen oder bei *Wer wird Millionär?* mit Günter Jauch: wo auf Erfolg gehofft wird, gibt es das große Daumendrücken. Als Aufforderung sowieso, aber auch in eifriger Ausführung. Der Daumen dürfte überhaupt der meistgedrückte Körperteil sein. Kopf oder Rücken haben dagegen keine Chance. Wieso der Daumen? Leise ahnt man, dass irgendwie Aberglaube im Spiel sein könnte. Man will ein Ziel erreichen oder erreicht wissen. Und tut nichts dafür oder kann nichts tun. Stattdessen Daumendrücken. Wo genau soll der Teufel oder sonst wer hinter einer so harmlosen Geste stecken?

Wir wissen es aus der wohl ersten Beschreibung des Daumendrückens in unserer Kultur. In der berühmten *Naturgeschichte* des Plinius aus dem 1. Jahrhundert n. Chr. kann man es im 28. Buch nachlesen, beim Thema Medizin. Nach den Heilmitteln aus Pflanzen behandelt der römische Amateurforscher, der im Hauptberuf Soldat war, Heilmittel (man liest richtig!) – aus Menschen. Das Blut steht dabei an erster Stelle, ganz besonders das Blut tödlich Verwundeter. Bei Gladiatorenkämpfen müssen sich Epileptiker förmlich auf die armen Opfer gestürzt haben, weil sie glaubten, die kranke Seele könnte die gesunde in sich hineinschlürfen. Es gibt weitere Beispiele dieser Art, eines unappetitlicher als das andere. Pillen aus dem Schädel eines Erhängten sollten gegen Bisse tollwütiger Hunde helfen. Zur Behandlung von Zahnschmerzen empfahlen sich die Zähne von Ermordeten. Bei der Verwendung des Harns von Kastraten gegen Unfruchtbarkeit äußert Plinius Bedenken, aber der Harn von noch nicht geschlechtsreifen Knaben soll auf jeden Fall gegen eine bestimmte ›spuckende‹ Schlangenart gut sein.

Und nicht nur beim fremden, auch beim eigenen Körper wird Plinius fündig. Bei seinem Speichel etwa. Wir spucken vor Epileptikern aus, um die Ansteckung zurückzuwerfen, heißt es. Tut es mir leid, jemanden verletzt zu haben, soll ich in die Hand spucken, um ihn vom Schmerz zu befreien. Sigmund Freud hat sich an die Stelle bei der psychoanalytischen Aufhellung des Animismus erinnert. Seine Erläuterung: Ein magisches Band verknüpft das Schicksal einer Wunde mit der Hand, die die Verletzung hervorgerufen hat. Zugleich wird dabei klar, warum man *zuvor* in die Hände spuckt, wenn man Schläge besonders wirkungsvoll machen will. Hier ist der Speichel statt ein Mittel der Linderung ein Mittel der Verstärkung. Auch das steht bei Plinius.

Lassen wir die weiteren Ausführungen! Wir sind nämlich schon vorübergegangen am magischen Daumendrücken. Wie das gemeint ist? Jemand soll Erfolg haben. Aber es gibt immer böse Dämonen, die das verhindern wollen. Deshalb macht man die Daumen zum Stellvertreter für dieses missgünstige Gesindel und quetscht sie tüchtig, um sie an ihrem Unwesen zu hindern. »Ich drücke dir die Daumen« will sagen: »Ich halte die bösen Dämonen fest.« Auch, wer sich dabei nicht auf Abwegen fühlt – er ist es. Ohne den Glauben an Dämonen macht das Spiel schließlich keinen Sinn. Warum soll ich die Daumen drücken und nicht stattdessen die Nase oder das Ohr? Eben! Sehen die aus wie Dämonen?

Auf Holz geklopft

Man kennt die Szene. Ein Gesprächspartner erzählt von seiner stabilen Gesundheit während einer Grippewelle. Dabei klopft er dreimal mit dem Knöchel auf Holz – nicht, ohne es ausdrücklich auszuposaunen. Interessant, wenn dies auch noch *unter* einem Tisch stattfinden muss. Noch interessanter, wenn sämtliche Möbel aus Metall oder Plastik sind und der Klopfer durchs Zimmer läuft, bis er endlich einen Gegenstand gefunden hat, der auf jeden Fall aus Holz besteht. Womöglich jongliert unser Gesprächspartner im Beruf mit Euro-Millionen oder befördert als Pilot Hunderte von Passagieren durch die Lüfte. Vielleicht unterrichtet er sogar Schüler in Mathematik oder Physik. Und dann der Spruch: »Rasch auf Holz geklopft.«

Erstaunlich daran ist so manches, am erstaunlichsten die Korrektheit, mit der etwas ausgeführt wird, dessen Sinn der Akteur höchstens dunkel ahnt. Mit der Gesundheit soll es so bleiben – so viel ist klar. Das Klopfen aber ist nichts anderes als eine Form von Kommunikation. Kommunikation mit jenen Geistern, die die Gesundheit bedrohen. Wenn man etwas Gutes sagt, kann es nämlich ›beschrieen‹ werden. Es ist einfach gefährlich, Gutes zu sagen. Und wenn doch, dann wenigstens nicht ohne Absicherung: »Ich bin kerngesund, aber bitte nicht beschreien – ihr habt mein Klopfen gehört!«

Die Szene ist uralt und in vielen Kulturen verbreitet. Bei Horaz kommt sie ebenso vor wie bei den Thailändern. Fast überall gehört das Klopfen zu einer ganzen Klopfsprache, die auch von den Geistern selbst ausgehen kann. Zum Beispiel, wenn sie uns des Nachts necken oder etwas ankündigen wollen, womöglich gar den Tod. Die dreimalige Wiederholung ist bei magischen Handlungen üblich, wie jeder weiß, der sich an mehr Märchen als *Rotkäppchen* oder *Hänsel und Gretel* erinnern kann. Dass es Holz sein muss, am besten ein Tisch, ergibt sich aus den Umständen. Andere Materialien *klingen* schlechter. Jedenfalls bei der Verwendung mehr oder weniger zarter Knöchel. So finden wir denn im Englischen das *touching wood* wie im Französischen das *toucher du bois*.

Etwas beschränkt, diese Sprache zur Kommunikation mit den Geistern, aber dafür durchaus ausbaufähig! In vielen Winterbräuchen steigert sich das harmlose Klopfen zum lärmenden Klatschen oder Läuten. Wer Urlaub in den Schweizer Alpen macht, kennt es vielleicht aus der Sherlock-Holmes-Stadt Meiringen am Fuße des Sustenpasses. Dort ziehen ganze Trupps von Glockenschwingern unter ohrenbetäubendem Lärm eine halbe Januarnacht durch die Straßen. Die Kälte soll vertrieben werden und die zuständigen Geister sollen es wirklich auch hören. In diesem Fall hat es noch immer geklappt, wenn man nur etwas Geduld mitbringt. Mit dem Klopfen auf Holz dürfte es schwieriger stehen.

Albträume

Nein, kein Druckfehler. Zwar gestattet der DUDEN ebenfalls Alptraum, mit *p* also, aber jedes Fachlexikon bestätigt es: Der Albtraum kommt von den Alben, nicht von den Alpen, auch wenn sein wichtigstes Kennzeichen das Drücken ist. »Es lag mir schwer auf der Brust« – ja, der Alb. Die Alpen wären wohl dem gesündesten Schläfer etwas zu viel gewesen.

Es geht also um Geister, die den Schlaf stören. Dem Namen und nicht nur der Schreibung nach reichlich wandlungsfähige Gesellen. Die Elfen sind direkte Vettern, in Nordeuropa kommt eher der (Nacht)Mahr vor. In der Schweiz treiben die Schrättele, mit allerlei Nebenformen von Schrat, ihr Unwesen. Trotz dieser Namensvielfalt – es gibt auch noch die Druden und Dockeli – ist das Phänomen in großer Übereinstimmung weltweit und zeitenübergreifend vorhanden. Kein Wunder, es gibt eben überall diese Störung im Schlaf. Die große nächtliche Angst, das Gefühl, erdrückt zu werden. Das anschließende Hochfahren, schweißgebadet – man muss es nicht weiter ausmalen.

Natürlich kam auch eine sexuelle Komponente ins Spiel. Im Schlaf gedrückt zu werden, das Gefühl, einen Fremden auf sich liegen zu haben: Man braucht es nur zu erwähnen, um die Phantasie zu beflügeln. Im Mittelalter, als man sich noch mehr als heute von Dämonen umgeben fühlte, kam der Alb als Incubus, als Drauflieger also, und zwar zu den Frauen. Der Succubus, der Drunterlieger, war der weibliche Dämon, der sich Männern anbot, was auch immer dies fürs Drücken bedeutete. In den Hexenprozessen spielen die

Succubi eine wichtige Rolle, wobei es neben dem noch harmlosen Drücken um Samenraub geht. Damit richteten die selbst zeugungsunfähigen Dämonen anschließend noch viel größeres Unheil an, als nur den Schlaf zu stören.

Was tun? Gegen magische Angriffe hat es immer auch magische Abwehr gegeben. Man kann also das Pentagramm bemühen, den Drudenfuß. Auf die Tür gemalt, hält der fünfzackige Stern den Alb auf Distanz. Auch das Schlüsselloch, durch das ein Geist sonst mühelos schlüpft, lässt sich so schützen. In Tirol gibt es das Schrattlgatterl, ein aufrechtes Kreuz, das mit einem schräg liegenden kombiniert wird. Zweige von der Stechpalme, dem Schrattlbaum, sollen ebenfalls helfen. Wenn man denn diese Hilfe wirklich sucht. Verliebten jungen Männern kommt im Alb die Braut ins Bett. Dagegen hat wahrscheinlich noch niemand ein Schrattlgatterl aufgestellt.

Regeln für Gespenster

Nach einer repräsentativen Umfrage des Gallup-Instituts in sechzehn Staaten Nordamerikas und Westeuropas gaben im Jahre 1987 zehn Prozent der befragten Erwachsenen an, schon einmal einem Gespenst begegnet zu sein, meist dem Geist eines Verstorbenen. Dabei war die Frage insofern gut gestellt, als wiederkehrende Tote tatsächlich die Prototypen der Gespenster sind. Es gibt Dämonen und Geister aller Arten, geradezu einen ganzen Zoo an blutlosen Gestalten bis hin zu den Vampiren. Aber die Gespenster sollten solche von uns sein, nur eben nicht mehr wirklich von dieser Welt.

Umso größer der Schrecken! Schon Poltergeister haben schlechte Angewohnheiten, stören den Schlaf oder lassen Mobiliar zu Bruch gehen. Aber die Gespenster kennen uns wirklich, ja rächen sich für Schicksale, an denen wir nicht ganz unbeteiligt waren. Die antiken Griechen und Römer wussten, was sie taten, als sie ihre Toten *vor* der Stadt begruben. Sie hatten schlicht Angst vor nächtlicher Rückkehr und Erinnerungen an das, was man zu ihren Lebzeiten an ihnen versäumt oder gar verbrochen hatte. Die Christen, naiv wie sie waren, holten die Toten an ihre Kirchen. Gleichsam mitten unter sich – und das Schicksal nahm seinen Lauf. Bei so praktischer Nähe waren mehr Seelen als je zuvor auf Wanderschaft.

Immerhin hielten sich die Gespenster epochen- und kulturenübergreifend an einige Regeln. Nur nachts war Ausgehzeit und als Kostüm kam ausschließlich ein weißes Kleid infrage. Dies gilt selbst für afrikanische Gespenster, so dass die hell gekleideten Afrikafahrer des 19. Jahrhunderts über einen Schutz verfügten, von dem sie nichts ahnten. Auch beim Ort des Auftretens gibt es die bekannten bevorzugten Stellen: den Kreuzweg zum Beispiel. Wenn es nicht das Schloss ist, in dem irgendein Frevel vorkam. Selbst die Nacht ist als Zeitpunkt zu vage angegeben: Mitternacht bzw. die Stunde von Schlag zwölf bis Schlag eins war immer die Geisterstunde.

Als Höhepunkt des Gespensterglaubens gelten das Spätmittelalter und die frühe Neuzeit, wo sich auch die meisten Regeln zum Umgang ausgebildet haben. So soll man den lästigen Wiedergängern mit Verachtung imponiert haben. Schon Griechen und Römer streckten die Zunge heraus oder machten obszöne Gebärden. In christlichen Zeiten kam als stärkste Abwehrwaffe das Weihwasser auf. Kreuze, Rosenkränze oder andere geweihte Gegenstände galten ebenfalls als hilfreich. Dass die Unruhe trotzdem groß werden konnte, belegt eine 1755 ergangene Verordnung der »k. k. Repräsentation zu Truppau« gegen betrügerische Gespenster, die offenbar die Bevölkerung tyrannisierten.

In heutigen Zeiten scheint die Erforschung des Phänomens trotz der genannten zehn Prozent schwierig zu sein. Der bekannte Professor für Parapsychologie an der Universität Freiburg, Hans Bender, vermutete in 85 Prozent der angegebenen Fälle bloße Poltergeister. Deren Erscheinung beruhe auf nichts als Auswirkungen von psychokinetischer Energie der betroffenen Personen. Schon spontane Abkühlung der Raumtemperatur soll Hilfe bringen. Gemeint ist dabei wohl eine Wirkung auf die ›überspannten‹ Patienten.

Schön wie eine Fee

Bei der Beschreibung von Topmodels auf den Laufstegen in Paris, Rom oder sonst wo in der Welt können Reporter schon einmal in Beschreibungsnöte kommen. Schön wie – ja, wie denn, wo diese Models ohnehin schöner sind als alles, mit dem sie verglichen werden sollen. Ist es zu altmodisch, wenn man sich in eine letzte Steigerung rettet: wie eine Fee, von feenhafter Schönheit?

Vielleicht zu altmodisch, aber kulturgeschichtlich durchaus nahe liegend. Die Feen waren die Schönen im Reich der Zauberei. Parzivals Schönheit wird von Wolfram von Eschenbach zurückgeführt auf die Abstammung seiner Mutter von einer Fee. Und ›schön wie eine Fee‹, *belle comme une fée*, war im Mittelalter ein geflügeltes Wort. Wo kommen sie her, diese Damen, die in der düsteren Welt der Zauberei einen so wundervoll heiteren Akzent setzen? Sind sie überhaupt Zauberinnen oder bilden sie nur eine Art Gegenwelt gegen menschlichen Wirrwarr? So, wie Shakespeare die Feen in seinem *Sommernachtstraum* auftreten lässt.

Nein, sie sind wirklich Zauberinnen. Aber sie stammen nicht aus dunkler germanischer Tradition, sondern aus lichter keltischer. Die Kelten sind älter als die Germanen, haben viel früher als diese gegen die Römer gekämpft, waren entsprechend früher unterlegen und lebten zuletzt in Rückzugsgebieten wie Irland – das berühmte gallische Dorf von Asterix und Obelix in Frankreich verzerrt die historischen Machtverhältnisse enorm. Während die Germanen die stämmigen Walküren hervorbrachten, stammen von den Kelten diese völlig anderen beschwingten Geister, die irgendwie bis heute in der französischen Haute Couture fortwirken. Natürlich wirken sie Wunder, nur eben gute. Sie helfen den Richtigen, aber Hilfe ist gar nicht ihre Spezialität. Diese liegt eher im Tanz, in der Entfaltung von Anmut. Man kann sie sich nur mit Musik vorstellen wie etwa in Glucks Reigen seliger Geister in seiner Oper *Orpheus und Eurydike*.

Die mittelalterliche Kirche hat, wohl nicht ganz ohne Neid, dieser Fee einiges Üble nachgesagt: Teufelsdienst, mit Verbindungen zu irgendwelchen Totenkulten, die das Bild besudeln sollten. Auch die weltliche Literatur des Mittelalters hat das Bild der Fee arg beschädigt. In der Welt von König Artus taucht ausgerechnet dessen Schwester als *Morgan le Fay*, als Fee Morgana, auf. Sie hat in einem Kloster schwarze Magie gelernt und wendet diese anschließend zum Entsetzen ihres eigenen Bruders auch an. Sie verwandelt feindliche Ritter samt ihren Pferden in Marmorgestalten. Sie verfertigt einen Mantel, der sofort in Flammen aufgeht, wenn ein Unglücklicher ihn anlegt. Und schläfert einseitig geliebte Männer ein, um sie anschließend zu entführen – der arme Lanzelot ist das prominenteste Opfer. Man kann froh sein, dass diese aus der Art geschlagene Dame nicht das Bild der Fee im Ganzen ruiniert hat.

Ein gutes Zeichen ist immerhin, dass ein noch heute geläufiges Wort die positive Seite unterstreicht: ›gefeit‹ gegen Unglück. Es bedeutet nichts anderes als: von einer Fee geschützt, von der keltischen eben. Von der feenhaft schönen Fee, die in seliger Gelöstheit von allen weltlichen Drangsalen vorlebt, was Leben sein könnte.

Engel *online*

Als vor Jahren das Gebetbuch Kaiser Karls V. in einer Faksimile-Ausgabe erscheinen sollte, ließ sich ein Experte im spanischen Escorial das Original zeigen. Mit weißen Handschuhen blätterte der zuständige Bibliothekar Seite für Seite des kostbaren Prachtcodex um. Makellos bot sich das fast 500 Jahre alte Pergament dar – bis auf eine Seite mit dickem Fettfleck vom regelmäßigen Aufschlagen. *Ein* Gebet musste dieser mächtige Herrscher, in dessen Reich bekanntlich die Sonne nicht unterging, mehr als alle anderen, vielleicht Abend für Abend, gebetet haben. Es war das Gebet zu seinem Schutzengel.

Im 16. Jahrhundert gab es dafür allen Grund. Schon lange glaubte man, dass der Tag des Gerichts nicht erst am Ende der Zeiten komme, sondern bereits in der Todesstunde stattfinde. In ihr werde das Buch des Lebens aufgeschlagen, würden die Sünden wie ein Vorstrafenregister zur Beurteilung offen liegen. In zahllosen Bildern ist die Szene festgehalten: Unsichtbar für die trauernden Angehörigen stehen die Teufel schon am Bett und greifen nach der Seele des Dahinscheidenden. Aber die Engel passen auf. Vor allem der Schutzengel hält dagegen. Die guten Mächte streiten mit den bösen. Und wohl dem, der im Leben etwas für die guten getan hat.

Eigenartig, wie unbeschadet diese himmlischen Gestalten alle Wellen der Säkularisierung überstanden haben. Ihren Kollegen, den Teufeln bzw. Dämonen, ging es eher schlechter. Solange man an Magie glaubte, waren *sie* gefragter. Nur von ihnen konnte man Hilfe bei all den kleinen Alltagssorgen erwarten: bei Flügen auf dem Besen, bei der Verwandlung von Blei in Gold, bei Heilungen von Krankheiten, bei der Zukunftsschau. Mit dem Sieg der Naturwissenschaften änderte sich dies. Die Magier verwandelten sich in Ingenieure, die Computer machten den Teufelspakt überflüssig.

Den Engeln hat dies nicht geschadet, im Gegenteil: Engel kann man immer noch gut gebrauchen. Zwar ist nichts mehr unmöglich, jedoch geht noch furchtbar viel schief. Abstürze und Viren halten die Benutzer von Computern auf Trab und manch einer von ihnen beginnt, *wieder* an Magie und Dämonen zu glauben. Die Engel aber haben Vorsprung. Längst beherrschen sie die Werbespots und dringen sogar in abendfüllende Filme ein. Anrufungen in Büchern sind freilich nicht mehr nötig. Die Engel gibt es *online* – und ganz ohne Fettflecken.

Einloggen in himmlische Kommunikation

Noch heute ist er geheimnisumwittert: der Begriff Kabbala. Der Durchschnittsintellektuelle zuckt zurück, esoterisch Empfängliche weiten die Augen. Dabei handelt es sich ursprünglich um theologische Literatur des mittelalterlichen Judentums, um mystische Versenkung in das Wesen Gottes und der Schöpfung. Wahrscheinlich war es die Andersartigkeit dieser Lehre, die die christlichen Rezipienten seit der Renaissance immer wieder reizte. Dies umso mehr, als die Kabbala etwas versprach, was brave Philosophen nicht einmal zu denken wagten: Ausübung von Macht, sogar der Macht, Wunder zu tun. Wissen sollte endlich praktisch werden.

Ein verständlicher Wunsch und einer, von dem wir wissen, dass er auch erfüllt wurde: als Triumph der Technik. Die Kabbalisten lassen sich leicht als Vordenker einer Beherrschung der Natur hinstellen. Nur eben nicht durch Technik, sondern durch Kommunikation. In der Kabbala spielt die Betrachtung von Worten, besonders von Namen und ganz besonders des Namens von Gott und seinen Engeln eine Rolle. Was die jüdischen Spezialisten im Mittelalter als Kontemplationsübung praktizierten, geriet ihren begeisterten christlichen Adepten zur Alternative der rationalen Methode. Statt Rechnen also Einfühlen, statt Konstruieren Versenkung. Gott hat schon einmal, lange ist's her, mit Moses gesprochen und ihm Erfolg gebracht. Dieser direkte Draht übertrifft alles menschliche Bemühen. Gehen wir keine Umwege, loggen wir uns ein in himmlische Kommunikation!

Die europäische Renaissance war die hohe Zeit dieses Denkens, der heute wenig bekannte Johannes Reuchlin in Deutschland der große Vorreiter. 1494 erschien sein Werk *Über das wundertätige Wort*, 1517 *Über die Kunst der Kabbala*. Der hauptberufliche Jurist hatte Hebräisch gelernt, wurde der beste nicht-jüdische Hebraist seiner Zeit und konnte sich folglich in die Quellen einarbeiten. Die hebräische Sprache war für ihn die Ursprache, in der das Benennen der Dinge und die Verfügung über sie noch eins gewesen sein sollten. Von daher die Vorstellung, dass der Sinn der Welt irgendwie ›entzifferbar‹ sein müsse. Besonders beim so genannten Tetragramm, den vier Vokalen IHUH als Bezeichnung Gottes, setzte er an. Das unaussprechliche Wort werde aussprechbar mithilfe des Konsonanten S, was das Pentagramm IHSUH ergibt – den christlichen Jesus aus dem jüdischen Vatergott. Damit sei der Kontakt nach oben möglich und auf diese Weise letztlich die Herrschaft über alles Irdische.

Der Erfolg blieb aus, aber der Reiz verging nicht. Die Neuzeit ist voll von Rückgriffen. Die Romantik ›entdeckt‹ die Kabbala ebenso wie das 20. und vermutlich auch 21. Jahrhundert. Es kann kaum anders sein, wo die Ziele sich so gleichen. Und wer kann schon ein Computerprogramm von einem kabbalistischen Text unterscheiden?

Undine

Es soll Leute geben, die Geister mit Gespenstern verwechseln – eine arge Bildungslücke. Schon Opernbesuche können zum Problem werden, wenn man an Samiel im *Freischütz* denkt oder gar an die *Undine* von Albert Lortzing. Samiel ist alles andere als ein harmloses Gespenst, das als Wiedergänger die Verwandtschaft ärgert, vielmehr ein recht böser Geist. Mit seiner Hilfe kann man Freikugeln herstellen, die unschuldige Jungfrauen bedrohen. Noch viel weniger ist Undine ein Gespenst, sondern ein Wassergeist: eine von Menschen nur sehr schwer zu unterscheidende schöne Frau. Sie erhält durch Heirat mit einem Menschenmann sogar eine Seele, verliert sie freilich, wenn dieser sie oberhalb des Wassers beleidigt. Man kann sich denken, wie die Opernhandlung verläuft.

Der Textlieferant der *Undine*, der deutsche Romantiker de la Motte Fouqué, hat den Stoff nach eigener Aussage Paracelsus entnommen. Und zwar dessen Buch *Über Nymphen, Sylphen, Pygmäen, Salamander und andere Geister*. Undine zählt dort zu den Wassergeistern, neben denen die Pygmäen Erd- bzw. Berggeister sind, die Salamander Feuergeister, die Sylphen Luft- bzw. Windgeister – man merkt, dass die vier Elemente zugrunde liegen. Für Paracelsus gehören diese Geister zum Wunderwerk der Schöpfung. Genau wie die übernatürlichen Arzneien, die normalerweise sein Metier bilden. Man bekommt freilich nur selten etwas von diesen Geistern mit, weil die meisten von ihnen unsichtbar sind. Auf jeden Fall sichtbar sind die im Wasser – eine Undine kann sogar heiraten und Kinder bekommen.

Wie man von der Schule her weiß, gibt es in anderen Versionen von Geistern auch bemitleidenswertere Sorten, die sich diesen Kinderwunsch nicht erfüllen können und entsprechend auf Raub ausgehen. Besonders haben sie es abgesehen auf Väter, die mit Knaben auf dem Pferd spät durch Nacht und Wind reiten – so, wie es in Goethes *Erlkönig* anschaulich und mit tragischem Ausgang beschrieben wird. Überhaupt muss man besonders im Wald auf allerlei Schabernack gefasst sein. Auch Steine werfende oder sich einem auf den Rücken setzende Geister kommen vor. Einmalig sind wohl jene Geister, die an der Aarenbachbrücke bei Pfullingen bemerkt wurden, wo sie Radfahrern die Luft aus den Reifen ließen. Andererseits kann man sich Geister dienstbar machen, wie es jeder vom Flaschengeist her kennt. Freilich ist Vorsicht geboten. Man erinnert sich an das böse Ende vom Zauberlehrling, das Goethe überliefert hat. Schon der wurde seine Helfer hinterher nicht mehr los.

Zwerge und Riesen

Spätestens mit der modernen Fantasy-Literatur sind Zwerge wieder in Mode gekommen. Die Gemeinsamkeiten mit ihren Vorgängern sind unübersehbar, auch wenn die neuen Zwerge aufs Ganze gesehen fauler geworden zu sein scheinen. Auf jeden Fall waren sie früher statt mit Wunderländern mit ganz konkreten Bergen bzw. Felshöhlen verbunden, bewegten sich in unterirdischen Gängen voller Schätze, die sie dem Berg entrissen. Anschließend bewachten sie diese vor den Menschen sorgfältig und schlagkräftig. Dabei war Kontakt erwünscht. Die Zwerge boten ihre Hilfe an in den Künsten, die sie perfekt beherrschten: im Schmiedehandwerk in erster Linie. Darüber hinaus waren sie geschickte Töpfer und Schuster, ihre Frauen Spinnerinnen und Strümpfestopferinnen. Weniger angenehm war ihre Kleptomanie, was Feldfrüchte anlangt, besonders aufgrund der Fähigkeit zur Anfertigung und zum Gebrauch von Tarnkappen. Aber damit sind ihre negativen Eigenschaften schon erschöpft. Es dominiert die Hilfsbereitschaft.

Die niedrigste Stufe bildet der Leihverkehr: An Brat- oder Braupfannen, Kesseln und Messern haben sie Interesse und bringen sie nach Gebrauch perfekt gereinigt zurück. Dafür leisten sie auch noch Hilfe bei allem, was mühsam ist, besonders im Haus. Tagsüber wiegen sie die Kinder oder flechten den Mädchen die Haare. Des Nachts, oft unsichtbar, besorgen sie das Abspülen, Fegen, Feuern und Vorkochen, sogar den kompletten Samstagsputz. Man sieht sofort, dass die Zwerge in Zeiten der Industrialisierung ruinös wirken

mussten, weil mit ihnen sämtliche Elektrogeräte überflüssig gewesen wären. Die einzige kleine Bedingung,
die immer galt und leider so oft gebrochen wurde, dass
wir anschließend die Industrialisierung brauchten, um
die Zwerge zu ersetzen, lag in der Zügelung von Neugier. Arbeiten ja, aber nicht dabei beobachtet werden!
Die verrückte Kölner Dame, die Erbsen auf die Treppe
streute, um die Winzlinge einmal zu sehen, musste mit
Recht hinterher selber schrubben.

Wo von Zwergen die Rede ist, darf ein Hinweis
auf ihren Widerpart, die Riesen, nicht fehlen. Sie sind
insgesamt das unangenehmere Geschlecht, obwohl es
auch solche gibt, die das Sowohl-als-auch beherrschen:
teils Zwerg, teils Riese also. Natürlich liegt ein Haupt-
unterschied in der Größe, die sehr groß werden kann.
Ein Bauer, dem ein Riese seinen Kot vorm Haus hinterlassen hatte, brauchte sieben Jahre für den Abtrans-
port. Aus einem versteinerten Riesen wurde gar das
Watzmann-Gebirge in Bayern. Auch die Siebenmeilen-
stiefel müssen zu einem recht ausgewachsenen Exemplar gehört haben.

Der andere Unterschied liegt im Charakter. Riesen
sind selten hilfsbereit. Am ehesten noch als Baumeis-
ter, die ganze Kirchen im Nu errichten, indem die Steine dem erstaunten Beobachter nur so um die Ohren
fliegen. Ansonsten fressen Riesen gerne einmal Kinder,
sind die wilden Männer im deutschen Wald, wie zum
Beispiel Rübezahl, oder jagen einem sonst wie Schrecken ein. Auch dafür gibt es heute filmische Nachfolger, sogar mehr als bei den Zwergen. Man braucht
bloß an den *Herrn der Ringe* zu denken.

Berserker

Mit unseren germanischen Vorfahren haben wir es schwer. Sie waren nicht schriftkundig – sehr unpraktisch. Was wir von ihnen wissen, verdanken wir entweder ihren Feinden, den Römern. Oder es stammt aus später Zeit, wie die Sagas, die im 13. Jahrhundert über Ereignisse der Völkerwanderungszeit berichten. Wenn Aussagen der Feinde und späte Überlieferung einmal zusammenfallen, fühlt man sich einigermaßen sicher: das könnte stimmen.

Der Berserker ist ein solcher Fall oder kommt dem Ideal doch nahe. Das Wort ist rein altnordisch, setzt sich zusammen aus *ber* und *serkr*, was »Bär« und »Hemd« bedeutet, welch Letzteres im Falle eines Bären besser als »Haut« wiedergegeben wird. Herauskommt also ein ›Bärenhäuter‹. Das irritiert freilich, weil dies mittlerweile im Deutschen so viel wie ›Faulpelz‹ bedeutet. Dies war der Berserker nun gerade nicht, ganz im Gegenteil: eher ein Amokläufer. In diese Richtung deutet nämlich unsere zweite Quelle: Tacitus, der in seiner *Germania* eigentlich viel Gutes über die Germanen schreibt, wenn auch nur, um seinen dekadenten Römern die nordischen Naturburschen als Vorbild hinzustellen. In diesem Fall aber spricht er vom *furor teutonicus*, was eine eher sinnlose Variante von Kampfeswut bedeutet. Leider ist es in dieser Form auch noch sprichwörtlich geworden und wird von unseren lieben Nachbarn immer einmal gerne zur Verspottung hervorgeholt.

Was aber hat ein Bärenhäuter mit teutonischer Wut zu tun? Die Antwort lautet: Der Bärenhäuter häutete

Bären und bekleidete sich damit, um selbst ein Bär zu sein, der bekanntlich trotz Plüschform zu den wilderen Vertretern wilder Tiere gehört. In den nordischen Sagas taucht dieser Bärenhäuter sogar in schlimmerer Form auf. Er bekleidet sich nicht nur mit der Haut, sondern schlürft das Blut des Bären. Er sieht also nicht nur aus wie ein Bär, sondern will Bär werden: eine ekstatisch-dämonische Form der Aneignung des Tiercharakters mit bösen Folgen, falls es zu Zusammenstößen mit normalen Menschen kommt. Von regelrechtem Terror blutgesättigter Menschenbären oder Bärenmenschen ist die Rede, von Berserkern also, gegen die sogar Gesetze erlassen werden mussten. Wie schlimm es war, zeigt die Strafe. Es handelt sich um Landesverweisung, womit heutzutage nicht einmal Hooligans bedroht werden.

Wut aufgrund der Verwandlung in ein Tier: Es kommt nicht nur in dieser Form vor. In Deutschland, wo der Begriff des Berserkers eigentlich gut eingeführt ist, findet man in der Praxis nichts, was dem Begriff wirklich zugrunde liegt. Also nirgendwo Bärenmenschen. Dafür gibt es bei uns ein anderes, ebenfalls recht wildes Tier, in das sich Menschen teils vorsätzlich, öfter jedoch gegen ihren Willen verwandelten. Gemeint sind Wölfe, in der typisch tiermenschlichen Verfassung: Werwölfe – aus althochdeutsch *wer*, »Mann«, und »Wolf«. Das Westfälische kennt den *Büxenwolf*, der aber nichts mit ›Büchsen‹ zu tun hat, sondern ein Wolf in Hosen ist: die auf jeden Fall harmloseste Variante des Berserkers.

Hexenschuss

Wer kennt es nicht? Man bückt sich falsch – und es zieht einem so ins Kreuz, dass jede nachfolgende Bewegung zum Horror wird. Eben ein Hexenschuss. Schuss? Wie soll denn die Hexe geschossen haben? Mit Pistole oder Flinte?

Nein, mit einem Pfeil, also mit Pfeil und Bogen. Den Hexen wurde allerhand angedichtet, wenn es um Schädigung ging. Und fast alles ist viel schlimmer als ein Hexenschuss. Allein ihre zauberischen Pulver, Salben, Tränke, die Wahnsinn oder Impotenz verursachen. Mit bösem Blick und schrecklichen Verwünschungen können sie jedes Unwetter herstellen, was zuerst zur Vernichtung der Ernte, dann zur Vernichtung der Menschheit notwendig ist. Daran gemessen wirkt der Hexenschuss wie ein netter kleiner Schabernack: etwas schmerzhaft, aber in ein paar Tagen vorbei. Böse ist er schon, der Schuss, aber man sollte die Angst vor Schüssen auch nicht übertreiben!

Wer so denkt, übersieht etwas. Die Vorstellung von den schädigenden Pfeilen mag beim Hexenschuss harmlos wirken. Aber sie gehört in ein ganzes Arsenal von Pfeilen, die die Menschheit bedrohen. Außer den Hexen lauern Elben und allerhand andere böse Geister wie der sonst wenig bekannte Bilwis auf ihre Opfer. Bei plötzlichem Wirbelwind geschieht es meistens, besonders aus dem gefährlichen Norden, woher ohnehin nur Übles kommt. Durch die Luft schwirrt der Pfeil, in seltenen Fällen auch aus dem Kamin. Außer den Pfeilen gibt es Schweinsborsten, Nadeln oder so merkwürdige Schädiger wie Würmer und Schmetterlinge.

Fast immer aber sind es schwere Krankheiten, die ausgelöst werden: Milzbrand oder Knochenfraß, Erlahmen oder Besessenheit. Auch die Pest, ja gerade sie, stellte man sich als von Pfeilen ausgelöst vor.

In diesem Fall ist der Schießende Gott selbst, der die Menschen für ihre Sünden straft. Man glaubt es kaum, dass in der frühen Neuzeit noch einmal der rächende Gott des Alten Testaments so dominant werden sollte. Aber es gibt Hunderte von Bildern, wo er Pfeile schwingend vor unseren Augen steht. Auch Christus werden Pfeile in die Hand gegeben. Rettung versprach man sich von einer Person, die wohl aus ihrem eigenen Menschsein heraus die Solidarität mit den Menschen aufrechterhielt: von der Gottesmutter Maria. Daher der große blaue Mantel, in den sie ihre Schützlinge hineinnimmt. »Maria, breit den Mantel aus« – wer hätte gedacht, dass die Abwehr nicht nur Widrigkeiten einer gnadenlosen Natur oder böswilligen Mitmenschen gilt, sondern Strafaktionen des eigenen Sohnes und dessen Vaters.

Ein Nachtrag, der nach so vielen düsteren Zeugnissen des Schießens und Getroffenwerdens gewissermaßen die Kehrseite dokumentiert: Es wurde zurückgeschossen. Freilich nicht mit Pfeil und Bogen, sondern mit Gewehr und Kanone. In jedem Salut steckt Abwehr. Auch bei Krankheiten kam es vor, dass ein magischer Schuss über dem Patienten abgegeben wurde. Man wollte den Dämon einschüchtern. Mehr als einmal wird der dabei angerichtete Schock beim Patienten größer gewesen sein.

Zum Blocksberg gewünscht

Sie ist schon eine der ganz großen Blamagen der christlich-abendländischen Kultur: die Hexenverfolgung im Mittelalter und besonders in der frühen Neuzeit. Auch das Alte Testament, auch die antiken Autoren kannten die Hexe mitsamt ihren wichtigsten Kennzeichen: Schadenzauber, sogar Flugkunst. Aber eines ist eben erst ›christlich‹: die Verbindung mit dem Teufel, die Bekräftigung der Verbindung in der ›Buhlschaft‹. Auf dem Blocksberg finden die Treffen statt. Hier wird das Bündnis geschmiedet. Hier werden die Hexen fit gemacht für die Vernichtung der Menschheit. Schrecklich geht es zu und begründet einen hässlichen Wunsch: jemand solle zum Blocksberg fahren.

Versetzen wir uns für einen Moment in die Lage unserer Vorfahren, die die Scheiterhaufen aufschichteten und auch anzündeten. Unwetter hatten die Ernte vernichtet, die Menschen gezwungen, das Saatgut fürs nächste Jahr zu essen. Viehsterben, vergiftete Brunnen, Krankheiten aller Arten, die Pest besonders. Ein furchtbares Szenario und eine grausam nahe liegende Lösung: nicht die unbezwingbare Natur ist schuld, sondern diese Hexe da. Bringen wir sie um, damit wir leben. Und bringen wir sie vorher zum Geständnis. Die Folter wird helfen.

Viele dachten so, aber nicht alle. Man kann eine kleine Galerie der tapferen Fürsprecher errichten – wenigstens das. Der *Hexenhammer*, das gespenstischste der Machwerke aus dem Genre der Hexereitraktate, fand im 16. Jahrhundert juristische Gegner oder blieb gleich in der Schublade. Im 17. trat der Jesuitenpater Friedrich von Spee auf. In seinem anonym veröffentlichten und trotzdem für ihn riskanten Buch *Cautio criminalis oder Rechtliches Bedenken wegen der Hexenprozesse* von 1631 griff er Fürsten an, die lediglich Sündenböcke verfolgen ließen und zeigte die Missstände des inquisitorischen Verfahrens auf. Dabei brachte er nebenbei zum Ausdruck, dass er selbst jedes ihm vorgehaltene Verbrechen sofort ›gestehen‹ würde, wenn er die Folterinstrumente nur zu sehen bekäme.

Das mutige Werk ist berühmt geworden, aber es hatte verhältnismäßig wenig Erfolg. Dieser war erst einem Juristen beschieden, den heute kaum noch jemand kennt: Christian Thomasius. Der Spezialist in Natur- und Völkerrecht setzt im Falle der Hexenprozesse nicht an der Unmoral an, sondern an der Unlogik. In einer Schrift von 1701 wendet er gegen den Teufelspakt ein, dass der Teufel schon deshalb »leiblicher Weise« kein Bündnis schließen könne, weil er keinen Leib besitze. Es fehle im Übrigen ein *Corpus delicti* – und gegen ein Ding, »das nicht ist«, könne man auch »keine Anzeigungen« machen. Eine reichlich trockene Argumentation, aber endlich eine durchschlagende. Mittlerweile liegen die Schrecklichkeiten so weit zurück, dass man beinahe wieder jemanden zum Blocksberg wünschen kann.

Thomasius kämpfte übrigens nicht nur gegen den Hexenwahn, sondern als echter Frühaufklärer gegen Aberglauben jeglicher Art. 1711 erschien von ihm eine Schrift mit dem Titel: *Juristische Entscheidung der Frage: ob einer einem andern, wegen Furcht vor Gespenstern, die Haus-Miethe wieder auffsagen könne.* Die Frage wird abschlägig beschieden.

Aus der Haut gefahren

Viele von uns kennen diese Flüge, die billiger sind, als die billigste Airline sie anbietet. Nächtlich vollziehen sie sich und meistens ist es mehr Fallen als Fliegen. Es handelt sich um Traumgeburten, mit die peinigendsten, die es gibt.

Kaum glaublich, dass sie am Anfang eines Menschheitstraums stehen sollen, der seit rund einem Jahrhundert Wirklichkeit geworden ist. Besser jedenfalls ist belegt, wie der Traum vom Fliegen zustande kommt. Das Bilsenkraut macht es möglich, ein Nachtschattengewächs, aber viel giftiger als die meisten anderen. Dank Atropin und Scopolamin, wovon man früher freilich nichts wusste. Bereits die Babylonier nahmen es gegen Zahnschmerzen, was jeder verstehen kann, dem einmal die Schmerztabletten nach einer Wurzelbehandlung ausgegangen sind. Aber die Nebenwirkung des schmerzverscheuchenden Halluzinierens müssen auch als Hauptwirkung willkommen gewesen sein. Wie hätte man sonst Fliegen erleben können: sogar in Tiergestalt – und alles das so echt, dass man hinterher beschwor, wirklich in der Luft gewesen zu sein.

Seit den Babyloniern, falls sie damit angefangen haben sollten, ist es ums Fliegen nicht mehr ruhig geworden. Schon die Assyrer kennen den Stecken als passendes Gerät. Die Hexen der nordischen Saga-Literatur verwandeln sich in flugfähige Tiere, indem sie einfach aus ihrer Haut fahren. Schon bei den thessalischen Weibern der griechischen Antike ist dagegen von einer Salbe die Rede. Ihr sollte ein verhängnisvolles Erbe beschieden sein, weil die Zubereitung allen Horror beschwor, den man später zur Verfolgung der Hexen brauchte. Glieder von zu Brei gekochten Kindern sind nötig, mit Zutaten wie dem Fett oder Blut ungetaufter Neugeborener, nebst Ingredienzien aus Schlangen, Spinnen, Kröten – diese vorher mit einer geweihten Hostie gefüttert. Soll man weitererzählen oder lieber zu dem aufgeklärten Voltaire übergehen, dem Kuhmist und Geißenhaar genügten?

Schlimmer als die Salbe war jedoch die Ablehnung eines Arguments durch die Inquisition, das bislang noch einigermaßen für Dämpfung des Wahns gesorgt hatte: die Annahme von (bloßen) Halluzinationen. Im *Hexenhammer* von 1487 ist der Glaube daran ausdrücklich verboten und stattdessen wird eingeschärft, dass die Hexen *wirklich* fliegen. Als Beleg dient die Schilderung einer sichtbaren Ausfahrt am Tage in Waldshut am Bodensee. Dort ließ sich angeblich eine Hexe von einem Dämon davontragen, weil man sie als Einzige im Dorf nicht zur Hochzeit eingeladen hatte. Sogar ein Priester aus der Diözese Freising wird mit seiner Erzählung vom Fliegen zitiert. Mit interessanten Einzelheiten wie ausgestreckten Armen und sogar dem Ziel der Luftfahrt: um Bier zu holen, was des Nebels wegen auf andere Weise nicht möglich gewesen sein soll. Immerhin war der Teufel persönlich der Chauffeur. So wie später bei Faust, wo statt von ausgebreiteten Armen von einem aerodynamisch perfekteren Styling die Rede ist: »Wir breiten nur den Mantel aus, / der soll uns durch die Lüfte tragen.«

Allerhand, was man da hört. Falls man es zur Vorgeschichte des heutigen Fliegens nicht rechnen will, so zu etwas damit Zusammenhängendem ganz gewiss: zur Vorgeschichte der Flugangst.

Wie verhext

Im Jahre 1485 kam es zu einer denkwürdigen Begebenheit. Der Dominikanermönch Heinrich Institoris, späterer Verfasser des *Hexenhammers*, hatte gerade vom Papst die Bevollmächtigung zur Inquisition erhalten. Noch auf dem Rückweg machte er Station in Brixen, um dort ein erstes Exempel zu statuieren. Wahllos verdächtigte er über fünfzig Frauen der Hexerei und begann ein haarsträubend illegales Verfahren: ohne Verteidiger, ohne Aufsicht. Da trat ihm Georg Golser, Bischof von Brixen, entgegen. Der gab nicht nach, bis Institoris zuerst sämtliche Prozesse verlor und dann das Land verließ. Ein richtiger Held, dieser Bischof! Die Pointe aber: Golser selbst glaubte nicht nur an Hexen, sondern führte seine eigene Fußgicht auf Verhexung zurück. Nur: Golser glaubte nicht, dass jede x-beliebige Frau eine Hexe sei. Es bleibt also beim richtigen Helden.

Man stößt hier auf die beiden Vorstellungen von Hexen, die zu wenig auseinander gehalten werden. Das eine sind dämonische Wesen, die mit Gottes Zulassung in der Welt ihr Unwesen treiben. Das andere bloße Sündenböcke, die lediglich mit der Folter zu Hexen *gemacht* werden. An dämonische Wesen glaubte eigentlich jeder Christ von Beginn der Kirche bis mindestens zur Aufklärung. Von daher lag es immer nahe, Krankheiten und Unheil jeder Art, besonders wenn sie ohne Grund aufzutreten schienen, als Ergebnis von Hexerei anzusehen. Verhexen, berufen, beschreien – der Zauber mit dem bloßen Wort lag immer in der Luft. Nicht wirkliche Frauen, sondern in

Frauengestalt auftretende Schädiger des Menschengeschlechts sorgten für die Bedrohung.

Als besonders gefährdet galten Personen, die von Natur aus schwach sind: Kinder an erster Stelle, vor allem Neugeborene. Wöchnerinnen kommen hinzu, weiter alle Personen, die sich in einem Stadium des ›Übergangs‹ befinden: Brautleute zum Beispiel. An letzter Stelle reagiert auch noch das Vieh. Die Zeichen sind überall ähnlich: Siechtum setzt ein, Kinder nehmen ab, Wöchnerinnen verlieren ihre Milch, die Lebensgeister erlahmen. Gicht gehört ebenfalls zu den ›schleichenden‹ Krankheiten. Eine Wunde schob niemand auf Verhexung.

Natürlich gab es Abwehrmaßnahmen, besonders Amulette. Schon den Neugeborenen hing man sie um den Hals, eine Münze zum Beispiel. Als Alternative gibt es etwas ums Handgelenk: ›Beschreibändchen‹. Sogar Messer oder Scheren kamen in die Wiege. Weiterhin dienten Gebete der Abwehr. Man stößt schließlich auf ganz Eigenartiges: auf Hühnerdarm oder Kot, Abschirmen mit Widerlichem also. Und der Gipfel: das Kind wird dreimal rasch in einen beheizten Backofen hinein- und wieder herausgeschoben. Wer es nicht glauben mag, sei auf die lateinische Formulierung verwiesen, die wohl kaum ohne entsprechende Realität existiert: *filium in fornacem ponere*, »das Kind in den Ofen schieben«.

Ganz dahin ist die Vorstellung vom Schadenszauber mit dem Wort auch heute noch nicht. Unsere gebräuchliche Formulierung für alles Überraschende, auf unerklärliche Weise nicht Funktionierende beweist es: »Es ist wie verhext.«

Magische Zauberei

Talisman und Amulett

Talisman und Amulett sind in der deutschen Sprache erkennbar Fremdwörter. Talisman klingt wie Muselman und kommt auch aus dem Arabischen. Amulett ist abgekürztes Latein, ohne das *um* am Ende. Der Sache nach gibt es keine klare Unterscheidung. Der Talisman wird etwas häufiger als Glücksbringer, das Amulett als Unglücksverhüter angesehen. Goethe lässt im *Westöstlichen Divan* beides zusammenfallen und sortiert lediglich nach dem Material. Der Talisman ist bei ihm aus Stein, das Amulett aus Papier, auf das man bequemer und mehr Verse schreiben könne – typisch Dichter eben. In der bekannten Novelle *Das Amulett* von Conrad Ferdinand Meyer handelt es sich erstens um einen Unglücksverhüter und zweitens um ein Stück Metall, das im entscheidenden Augenblick einen Stich mit dem Degen abhält. Ob jedoch Talisman oder Amulett: gebraucht wurden sie immer. Und die Zwecke sind so unterschiedlich nicht.

Vor allem gibt es keinen Unterschied hinsichtlich der Wirkungsweise. In beiden Fällen sind Kräfte eingefangen: übernatürliche, versteht sich. Sie stammen von den ›Sternen‹, wozu damals besonders die Planeten zählten. Grundlage dafür ist die Vorstellung vom ›Fließen‹ aus der oberen, himmlischen, Welt in die untere, irdische. Jeder sieht ja die Strahlen. Wie nahe liegend die Idee, dass sie etwas ›befördern‹, Himmlisches auf die Erde bringen, in die Dinge eindringen. Man muss die richtigen Objekte dann nur kennen, sie suchen und am besten in einer Kette bei sich tragen. Dann stehen dem Träger die Kräfte zur Verfügung.

So oder so: als Glücksbringer oder als Unglücksverhüter.

Interessant ist, dass das christlich geprägte Abendland mit dieser Form von Sternenglauben weniger Schwierigkeiten hatte als mit der Horoskopie. Albertus Magnus etwa lässt an der Horoskopie kein gutes Haar. Für ihn gab es zu viel Kollision mit der Willensfreiheit. Als er in seiner *Gesteinskunde* zu den Edelsteinen kommt, ist seine Lehre plötzlich jedoch weitherzig: Edelsteine sind etwas Besonderes. Und Sternzeichen, in günstiger Stunde eingraviert, könnten durchaus Erstaunliches bewirken. Während Thomas von Aquin, bekanntlich sein Schüler, lieber an eingeritzte christliche Symbole dachte, geht Albertus Magnus also einen deutlichen Schritt weiter. Er macht sich sogar Gedanken über das Erlahmen der Kräfte, empfiehlt einen Wechsel des Amuletts nach einer gewissen Zeit.

Der große Theologe mit Hang zur Naturforschung konnte nicht wissen, dass unter zunehmendem ›östlichen‹ Einfluss alle Dämme brechen sollten. Wenig später bereits etablierte sich eine ›Wissenschaft‹ von den Talismanen, die die ganze Welt in einen astrologischen Kampfplatz verwandeln sollte und das Abendland mit Anhängseln förmlich überflutete. Geholfen hat es wohl immer so wie in der Meyer'schen Novelle. Dort wehrt das dem ungläubigen Freund geliehene Amulett den Degen ab. Den gläubigen Besitzer aber trifft zuletzt eine verirrte Kugel.

Hufeisen

Man hat sie früher öfter gesehen: Hufeisen an der Front chromblitzender Autos. Der Rückgang liegt wohl nicht daran, dass die PS-Zahlen ständig zunehmen und das Missverhältnis zum Pferd als Spender des Hufeisens immer grotesker wird. Auch nicht an mangelnder Zuversicht in magische Mittel. Vielleicht sind nur die Autos heiliger geworden und verbieten jeden Eingriff in das teuer bezahlte Design. Vollkaskoversicherungen, Knautschzonen und Airbags könnten dem Hufeisen vollends das Genick brechen.

Aber es gibt sie noch und sie finden sich da, wo sie eigentlich auch hingehören: an Häusern, über Türen. Hufeisen galten immer als Unglücksverhüter. Vor den Blitzableitern waren sie es, die Wetterschlag und Feuersbrunst abhielten. Auch Krankheiten, die man sich von Dämonen ins Haus getragen dachte, mussten abgewehrt werden. Abwehr als Fernhalten also. Das Hufeisen mit seiner gebogenen Form ist eine Falle, in der der Dämon hängen bleibt. Deshalb bringt man es bei senkrechter Befestigung mit der offenen Seite nach unten an. Bei waagrechter, auf der Schwelle etwa, weist die Öffnung nach draußen. Umgekehrt sähe es so aus, als würde das Pferd mitsamt dem Glück hinausschreiten.

Manch heutiger Besitzer eines Hufeisens wird kaum noch wissen, dass die Wirkung immer an allerlei Bedingungen geknüpft war. Hufeisen kann man nicht einfach kaufen. Bedingung ist das Finden. Mehr noch: das gefundene Eisen soll schweigend nach Hause getragen werden. Höchstens Sonderanfertigungen sind zu empfehlen. Zum Beispiel aus Richtschwertern oder wenigstens aus einem Eisen, mit dem jemand umgebracht wurde – seltene Gegenstände im Zeitalter von Handfeuerwaffen und elektrischen Stühlen. Gewöhnlich bleibt es beim ganz normalen Eisen, an dem am besten noch einige Nägel hängen. Drei wären nicht schlecht.

Woher dieser Glaube? Wie so oft kommt Verschiedenes zusammen. In diesem Fall Dinge, die längst aus unserm Bewusstsein entschwunden sind. Das Pferd hatte einst eine hohe Bedeutung, auch sein Schädel wurde an Häusern angebracht. Dann das Eisen, das Ergebnis des Schmiedens mit der Kunst der Verwandlung von rohem Erz in blitzendes Metall. Und noch mehr kommt hinzu. Das verlorene Hufeisen gleicht dem verlorenen Schuh, an den sich ebenfalls immer Besonderes knüpfte. Man braucht bloß an Aschenputtel zu denken.

So wundert es nicht, dass der Glaube weltweit verbreitet, freilich nicht ganz so alt ist wie in vergleichbaren Fällen. Der Grund liegt auf der Hand: Das Hufeisen kommt erst im Mittelalter auf. In der Antike sammelte man anderes und verzierte damit seine Häuser. Als das Hufeisen dann endlich da war, hing man es auf, aber noch lange nicht an Wagen. Die damaligen Modelle machten mangels PS jeden Zauber unnötig.

Doping im Pferdestall

Man hätte es sich eigentlich denken können: Auch Doping ist nichts Neues. Zwar weiß wohl niemand, wer wirklich damit angefangen hat. Doch es gibt einen sicheren Beleg immerhin vor der Entdeckung Amerikas durch Kolumbus. Zwar führt er nicht zu menschlichen Sportlern, wohl aber zum Sport. Genauer gesagt: zum Pferdesport.

In einem Rossarzneibuch des späten 15. Jahrhunderts taucht ein Rezept mit dem Namen *Herzog Albrechts Rennen* auf. In der Wissenschaft wird es vornehm als Spezialfutter zur Leistungssteigerung von Rennpferden bezeichnet. Da mit dem Futter auch ›Sprüche‹ geliefert wurden, ist klar, worum es sich handelt: um magisches Doping, damals Dupierung genannt. Statt handfester Anabolika also spezielle Körner und spezielle Verabreichung. Wer Zweifel hat, ob hier nicht doch Harmloseres im Spiel gewesen ist, sei auf eine Rennordnung von 1463 verwiesen. In ihr ist Zauberei ausdrücklich und wohl kaum ohne Grund verboten.

Es lässt sich sogar noch mehr herausfinden. Pferderennen war ein Sport, bei dem es um Geld ging, offenbar um viel Geld. Doping war entsprechend nicht die einzige Form von Zauberei. Man wollte auch wissen, wer das Rennen gewinnt. Und wieder geraten wir an Herzog Albrecht, Albrecht III. von Bayern, genannt »der Fromme«. Er beschäftigte einen Spezialisten für Magie an seinem Hof, den er aus der verkrachten Nebenlinie Bayern-Ingolstadt abgeworben hatte – gewissermaßen ein Wechsel zu Bayern-München vor Existenz der Bundesliga. Dieser Spezialist mit dem heute kaum noch bekannten Namen Johannes Hartlieb übersetzte fleißig lateinische Traktate ins Deutsche, ehe er 1456 sein Hauptwerk schrieb, das *Buch aller verbotenen Künste.*

Unter dem Schutzschild des Verbots wird darin ausgeplaudert, was den Herzog und wohl auch seinen Hofstaat interessierte. Besonders interessant muss eine Wahrsagetechnik gewesen sein, mit der man den günstigsten Zeitpunkt für ein Unternehmen herausfinden konnte, zum Beispiel für ein Duell. Man legte dabei den Namen des Kämpfers zugrunde und errechnete den Zahlwert der Buchstaben. Nach allerlei Kombinationen, zu denen auch astrologische Gesichtspunkte gehörten, führte dies zu dem gewünschten Ergebnis. Man wusste also, wann das Kämpfen günstig war und wann besser nicht. Keine Frage, dass sich dies leicht auf Pferde anwenden ließ.

Ob Hartliebs Beschäftigung sich für den Hof ausgezahlt hat, wissen wir nicht. Fest steht nur, dass er selbst gut davon lebte, freilich seinem Arbeitgeber auch in einem viel heikleren Fall entgegen kam. Er heiratete die uneheliche Tochter des Herzogs aus dessen einstiger Verbindung mit Agnes Bernauer. Diese bürgerliche, also nicht standesgemäße Dame und Mutter war von Albrechts Vater einst der ›Staatsräson‹ wegen als ›Hexe‹ verurteilt und ertränkt worden. Ein grausiges Schauspiel in aller Öffentlichkeit, worauf der Sohn gegen den Vater erst einmal zu Felde zog. Anschließend heiratete er allerdings standesgemäß. Die Tochter war jedoch in der Welt und musste versorgt werden. Hartlieb wurde dazu ›überredet‹ oder bot sich vielleicht auch selbst an. Wo gezaubert und gedopt wird, war es schon immer wichtig, für gute Beziehungen zu sorgen.

Ausgependelt

Wenn Historiker, im Allgemeinen nüchterne Leute, über Fälle von Magie Bericht erstatten, kann man ihnen die peinliche Lage oft anmerken. Glauben oder nicht glauben? In allen Einzelheiten berichten oder rasch darüber hinweggehen? Einmal in der Geschichte entschloss sich ein Historiker offenbar unter Entsetzen zu einer möglichst vollständigen Wiedergabe. Es handelt sich um Ammian, den letzten antiken Berichterstatter der Geschicke Roms. Der Fall spielte sich ab im Jahre 371 n. Chr.

Damals fand in Antiochia ein Prozess statt, in dem es um Hochverrat ging. Der Vorwurf beruhte auf einer Séance, in der eine kleine Gruppe von hoch gestellten Persönlichkeiten herausfinden wollte, wer der Nachfolger des gerade herrschenden Kaisers Valens sein würde. Man bediente sich dazu eines Pendels. Über einer Schale, auf deren Rand sämtliche Buchstaben des griechischen Alphabets eingetragen waren, wurde es in Bewegung gesetzt und ›sprang‹ zuerst auf das griechische Theta. Dann auf das Omega. Schließlich auf das Delta. Dies ergibt zusammen *Theod-*, worauf einer der Anwesenden offenbar erregt die Sitzung beendete, indem er ausrief, der neue Kaiser sei Theodoros. Dabei handelte es sich um einen vornehmen Römer, der tatsächlich nicht ohne Ambitionen war.

Alles wäre wohl glimpflich verlaufen, wenn es mit der Geheimhaltung geklappt hätte. Genau dies war nicht der Fall und das Unheil damit vorprogrammiert. In Zeiten ständiger Morddrohungen gegen den Kaiser forderte die Neugier die staatliche Macht heraus.

Sämtliche Beteiligten wurden verhaftet. Die Haupttäter folterte man auf grausamste Weise mit Zangen zu Tode, bei den Mittätern beließ man es bei bloßer Enthauptung – alles auf öffentlichem Platz vor großem Publikum. Beim Prozess sagten die Angeklagten noch aus, ihnen sei klar, dass sie mit der verbotenen Zukunftsschau den Tod verdient hätten. Übrigens werde auch Kaiser Valens nicht mehr lange leben.

Was den schaurigen Bericht des Ammian jedoch erst richtig schaurig macht, ist die Tatsache, dass sämtliche Prophezeiungen tatsächlich eintreffen sollten. Nicht nur die Angeklagten starben. Kaiser Valens fiel schon im Jahre 378 fünfzigjährig in der Schlacht bei Adrianopel gegen die Perser. Sein Nachfolger aber wurde ein bekannter Mann, der viel für die Christen tun sollte. Natürlich war es nicht Theodoros, der mit den Verschwörern zusammen längst hingerichtet war. Aber sein Name klang nicht nur ähnlich, sondern erfüllte das Ergebnis der Pendelei in haarsträubender Exaktheit: es war Theodosius.

»Verflixt!«

Magie mag schwer zu definieren sein. Auf jeden Fall gehören Wirkungen dazu, die sich dem bloßen Willen verdanken. Ich male es mir aus – und es geschieht. Ich spreche ein Wort – und der Wunsch erfüllt sich. Keine Hand ist im Spiel, kein Muskel, keine Physik. Wir bewegen uns in einer anderen Welt mit anderen Kräften, anderen Ursachen.

Genau dies geschieht beim Fluchen. »Fluch über dich und dein ganzes Geschlecht!« Kaum etwas hielt man für wirkungsvoller. Vor allem vor Verfluchungen von Sterbenden, von unschuldig Hingerichteten fürchtete man sich. Selbst Flüche von Müttern wogen schwer. Von Gott aufgrund schwerer Schuld verflucht zu sein, bedeutete definitiv das Ende. Jeder wusste von Ausgestoßenen, die über die Meere segelten, auf Pferden durch die Lüfte jagten oder des Nachts durch Häuser wandelten. Die Literatur ist voll von Beispielen. Man denke an den armen Seefahrer in Wagners *Fliegendem Holländer*, der einst Gott verhöhnt hat und zur Strafe nicht zur Ruhe kommt, bis ihn endlich eine treue Frau erlöst. Oder an die Ahnfrau in Grillparzers gleichnamigem Trauerspiel, die von ihrem Mann in den Armen ihres Geliebten erstochen wird und jahrhundertelang der Familie Unglück bringt.

Aber das Fluchen drang auch in den minder tragischen Alltag, begleitete die einfachsten Tätigkeiten. Es gab Pflanzen, die angeblich nur unter Fluchen gediehen: der Kümmel beispielsweise. Auch bei den Tieren nützte gelegentlich das Fluchen: die Fische etwa trieb es besser ins Netz. Dass man nach einem kräftigen

Fluch von einem Irrweg wieder zurückfindet, erklärt sich als Verscheuchung des Irreführers. Andererseits kann Fluchen auch schaden. Von den Tieren vertrugen es die Bienen nicht – kein Wunder bei ihrer Rolle als Lieferanten des Kerzenwachses in der Kirche.

So fluchte man denn und verkniff es sich. Oder griff zu einer sicheren Variante, die beides zugleich ermöglichte. Fluch und Nichtfluch, Fluch, getarnt als Nichtfluch – wie ist das möglich? Wir alle kennen es noch: »Verflixt!« Es ist das Fluchwort schlechthin, denn es *bedeutet* ›verflucht‹. So wie »Potz Blitz!« für ›Gottes Blitz (über dich)‹ steht oder »Sapperment«/»Sakerment« für ›Sakrament‹ und »Herr Jemine« für ›Herr Jesus, Domine‹. Nicht nur Heidnisches nämlich liegt dem Fluchen zugrunde. Die Christen spannten auch ihren Gott selbst ein oder wenigstens seine Heiligen. »Heiliger Bimbam!« – man wollte den Namen so genau nicht nennen, den man meinte.

Entweder schädigende Wirkung hat der Fluch oder Schaden abwehrende. Das Wort ruft das Übel hervor oder verscheucht es. In jedem Fall will man den Erfolg und schämt sich des Mittels. So ganz deutlich soll die Absicht nicht sichtbar werden, damit sie nicht auf einen zurückfalle. Denn im Alten wie im Neuen Testament steht es mehr als einmal, dass Fluchen verboten ist. Entsprechend genügt die Andeutung. Und wenn es nicht klappt, kann man auch den missglückten Fluch noch kryptisch verfluchen: mit »Scheibenkleister!« zum Beispiel.

Brezel, Krapfen, Zopfgebäck

Es gab in der Volkskunde eine Zeit, in der alle Bräuche einen kultischen Ursprung haben mussten. Bei der Brezel tippte man auf das Sonnenrad oder gar einen Ersatz für am Grabe beigelegten Totenschmuck aus Armring, Halsring und Spange. Die Krapfen sollten Nachfolger der Opferkuchen sein, die die Römer der Ceres, ihrer Fruchtbarkeitsgöttin, darbrachten. Und für das Zopfgebäck lautete die Auskunft: Ursprung aus altem Haaropfer wiederum beim Totengedächtnis. Zur Ehre der Zunft darf man sagen, dass im eigenen Lager die Zweifel wuchsen und schließlich eine befreiende Antwort kam. Die Bäcker hießen in Rom auch *fictores*, »Bildner«. Sie spielten also gerne mit Formen und buken ihre Teigwaren nicht nur für den Mund, sondern auch fürs Auge. Schluss also mit dem Geraune über Totenkult, ein Hoch auf das Handwerk!

Aber dies ist nur die eine Seite der Geschichte. Einmal gebacken, fand das hübsch geformte Brot durchaus Verwendung in allerlei magischen Handlungen. Noch heute fällt auf, dass die speziellen Angebote in spezielle Zeiten fallen. Kein Neujahrsmorgen ohne Brezel zum Beispiel. Früher war die Domäne dieser Köstlichkeit die Fastenzeit, fiel also ins Frühjahr und könnte etwas mit frühjahrsgemäßen Fruchtbarkeitsriten zu tun gehabt haben. Die jungen Männer schenkten die Brezel ihrer Auserwählten und waren sich sicher, dass die Liebe nicht erkaltete, solange die Brezel nicht schimmelte – ziemlich pessimistische Zeiten. Gegen Fieber und Zauberei wurde die Brezel im Haus aufgehängt.

Die Krapfen waren damals wie heute ein Fastnachtsgebäck, kamen bisweilen auch zu Weihnachten oder Dreikönig auf den Tisch. Zu Fastnacht passen die fettigen Kalorienbomben tatsächlich besser, wenn man an die mageren Wochen danach denkt. Aberglaube gibt es dabei genug. Übrig gebliebenes Schmalz sollte gegen Verhexung schützen. Übrig gebliebene Krapfen warf man bei Bränden ins Feuer, um dieses zu löschen. Heiratswillige Mädchen trugen am Christabend drei Krapfen ums Haus. Als eine besonders Willige dies auch noch nackt tat, stand anschließend natürlich der passende Mann neben der Tür.

Das Zopfgebäck ist bei uns am wenigsten auf feste Zeiten abonniert. Früher spielte es eine Rolle als Armenspende, die an bestimmten Tagen vorzunehmen war, zum Beispiel an Allerseelen. Die Herkunft scheint jedoch ein jüdisches Festgebäck zu sein. Dies legt die Bezeichnung als *Berches* nahe, die hebräisch ist und »Segen« bedeutet. Die Christen fanden Gefallen daran, die Verbreitung ist groß und das Brauchtum hat sich dessen angenommen. In Schwaben beispielsweise mussten Taufpaten einen Zopf fürs gute Gedeihen des Sprösslings übergeben.

Wenn auch die These mit dem Kult nicht stimmt: alt ist die Idee des geformten Teigs auf jeden Fall. Schon in den mittelalterlichen Klöstern gab es Brezeln. Eine illustrierte Vergil-Handschrift aus dem 5. Jahrhundert präsentiert ein schönes Exemplar beim Liebesmahl von Dido und Äneas. Also nichts mit Toten!

Die schwärzeste Magie der Geschichte

Fast immer, wenn Magier in Bedrängnis kamen, fiel die Unterscheidung: schwarze und weiße Magie, unerlaubte und erlaubte. Wenig sinnvoll, dies auf schwarze und weiße Opfertiere zurückzuführen oder auf so vieles andere, das nur vom Thema ablenkt. Schwarze Magie ist im Grunde die einzig wirkliche, mit weißer oder ›natürlicher‹ Magie redet man sich nur heraus. Niemals kann der Mensch alleine die großen Wunder vollbringen. Dazu braucht er Hilfe: dämonische oder mit Dämonen in Verbindung stehende aus den Sternen. Die schwärzeste Kunst dieser Art fällt bereits ins 13. Jahrhundert, als ein Unbekannter für den König Alfons von Kastilien angeblich ein Werk aus dem Arabischen ins Lateinische übersetzte und dabei seinen undeutbaren Titel beibehielt: *Picatrix*. Wo das Buch seither in der Tradition zitiert wird, fehlt es nicht an pflichtgemäßem Schauder. Johannes Hartlieb, ein Spezialist im Spätmittelalter, glaubte, das Buch sei von Satan persönlich diktiert worden.

Der Schauder ist berechtigt, auch wenn die Konzeption auf den ersten Blick ›klassisch‹ aussieht. Zugrunde liegt die Vorstellung, dass Kräfte von der oberen Welt in die untere dringen und dort dienstbar gemacht werden können. Dazu muss man sich mit den Planeten auskennen. Saturn etwa vermittelt dem Irdischen die Schwere, auch die Langsamkeit. Im Körper des Menschen beherrscht er die Milz und die aus ihr sich ergießende schwarze Galle, die für die festen Teile des Körpers, speziell die Knochen, verantwortlich ist. Im Tier- und Pflanzenreich beherrscht Saturn, was schwarze

Farbe und hässliche Gestalt besitzt. Unter den Mineralien gehören ihm Blei und Pech an.

Es versteht sich fast von selbst, wie ein Magier unter diesen Umständen vorgeht. Er braucht dies alles nur noch zu präparieren und zu Talismanen zu verarbeiten. Mit denen lässt sich dann allerlei Zauber ausüben: selten etwas Gutes, viel häufiger Übles und Übelstes. Einen Skorpionstich zu heilen, Reisende vor Gefahren zu bewahren, flüchtige Ehegatten wieder zurückzuholen, gehört zum Harmlosen. Ehegatten auseinander zu bringen, Feinde zu vernichten, Städte zu verwüsten und Ähnliches ist die eigentliche Spezialität.

Und was für Rezepte! Zum Beispiel für eine Kerze mit einem Docht, der neben vielem anderen aus der pulverisierten Hirnschale einer schwarzen Katze nebst Urin von schwarzen Ziegen gefertigt wurde. Beim ›Nachbau‹ des Talismans von Alexander dem Großen wird Löwenhirn, Leopardenfett und Hyänenblut verlangt. Für krank machende und schließlich tötende Talismane benötigt man nicht nur Exklusiveres, sondern auch Tabuverletzendes und Ekelerregendes: Wolfsgalle und Rattenblut, Harnsalz und Affenfett, Sperma und Menschenhirn – das Ganze gut gemixt und dem Opfer als Mahlzeit bereitet. Auch zur Herstellung von Homunculi, von künstlichen Menschen, gibt es ein schauerliches Gebräu aus Hirn, Blut und Sperma.

Wer geglaubt hat, Hexen seien die Spezialistinnen dieser Art von Küche, wird also eines Besseren belehrt. In Shakespeares *Macbeth* werfen drei nicht besonders zivilisierte Damen unter anderem den Daumen eines Lotsen in den Kochtopf. Aber was ist schon dieser Daumen gegen die Scheußlichkeiten im *Picatrix*?

Liebeszauber

Nicht in allen Punkten ist die Welt schlechter geworden. Wenn man im Internet dem Stichwort Liebeszauber nachgeht und dort auf ein Angebot stößt, »um den eigenen Ehepartner loszuwerden« (»die ideale Lösung, um Gewaltanwendung zu vermeiden«), wenn man Zauber für zeitlich begrenzte Liebe einer Person findet (»ohne befürchten zu müssen, dass man diese danach nicht mehr los wird«), wenn in sonst hoffnungslosen Fällen 90- bis 95-prozentige Sicherheit angeboten wird, um (für 135 Euro) eine Person an sich zu binden – dann dürften die meisten all dies speziell unserem Zeitalter des hemmungslosen Kommerzes und der Preisgabe aller Sitten zuschreiben. Aber man ist damit nicht im Recht. Früher war es eher schlimmer, auch im gepriesenen Abendland.

Man kann es an den Gesetzen und Gerichtsverfahren ablesen. Schon im alten Griechenland musste man Liebestränke unter Strafe stellen, und zwar als todeswürdige Vergehen. Mittelalter und Neuzeit sind voller Prozesse, aus denen erstaunliche Einzelheiten hervorgehen. Es wurden Tränke gemixt und Brote gebacken, mit Körper- oder Bekleidungsteilen wie Haaren und Schuhen hantiert. Man hat mit vierblättrigem Klee gebannt oder durch Umschreiten der/des Auserwählten mit Salz und Brot. Wo junge Menschen plötzlich starben, kam der Verdacht auf, es sei verunglückter Zauber im Spiel gewesen. So wie bei König Ludwig X., der einem Liebestrank aus Kröten und Schlangenpulver erlegen sein soll. Noch im 19. Jahrhundert kommen Verhaftungen vor.

Kein Liebeszauber aber war so grausam wie der mit der Wachspuppe. Früher hießen diese Puppen ›Rachepuppen‹. Seit der Kenntnis so genannter ›primitiver‹ Völker hat sich der Begriff ›Voodoo-Zauber‹ eingebürgert. In der Pariser Nationalbibliothek sind Zauberpapyri aus spätantiker Zeit aufbewahrt, die mit dem Begriff ›Liebeszauber‹ mehr als unglücklich bezeichnet sind. Es handelt sich um Besitzergreifung brutalster Art, die jedem die Haare zu Berge stehen lässt, der nicht den Film *Die Hexen von Eastwick* mit dem teuflischen Jack Nicholson zur Einstimmung gesehen hat. Man forme also mit Wachs eine Figur, nehme dreizehn Nadeln und stecke sie in Gehirn, Eingeweide, Genitalien und so fort. Immer mit dem Spruch: »Ich durchbohre dir, NN, dies oder das …«. Abzulegen ist die Puppe beim Sarg eines vorzeitig Gestorbenen, wieder unter allerlei Sprüchen wie dem folgenden: »Sie soll keinen Geschlechtsverkehr haben und sich mit niemand anderem vergnügen, nur mit mir allein. Mach, dass sie nicht trinken kann, nicht essen, keinen Schlaf finden, außer bei mir.« Für noch schlichtere Gemüter genügte offenbar: »Zwinge sie, mir, NN, untertan zu sein.«

Im Internet ist eine »Anleitung zum Voodoo-Fluch« veröffentlicht, die demgegenüber beinahe harmlos klingt. Auch hier die Puppe, die Nadeln, das Einstecken. Als Zauberspruch aber wird das Vaterunser rückwärts empfohlen. Wenn dann nach drei Tagen der Zauber eingetreten ist, soll die Puppe, in schwarzes Tuch gehüllt, »in fließendem Gewässer entsorgt« werden. Nach so viel Umweltbewusstsein sucht man in den Pariser Papyri vergebens.

Böser Blick

»Wenn Blicke töten könnten ...« – oh, sie konnten es sehr oft. Der Glaube daran ist jedenfalls uralt und über die ganze Welt verbreitet. Bei den indischen Veden wurde er ebenso gefunden wie auf ägyptischen Hieroglypheninschriften. Agrippa von Nettesheim weist die Fähigkeit scythischen und illyrischen Frauen zu, was er wohl bei Plinius gefunden hat. Esoteriker berufen sich merkwürdigerweise auf Mt. 6,22, wo jedoch nur davon die Rede ist, dass zu einem gesunden Körper ein gesundes Auge gehört. Besser der Hinweis auf die Vorstellung des Sehens als ›Strahlen‹, was im Zeitalter der aufkommenden Elektrizität eine pseudo-naturwissenschaftliche Interpretation bekam. Das ›Blitzen‹ der Augen stammt daher. Auch die vielen »blitzenden Augen« beim jungen Goethe gehen auf dessen damalige Beschäftigung mit der angeblich natürlichen Elektrizität des Auges zurück.

Blitzende Augen sind jedoch keine bösen, schon gar keine tötenden. Der böse Blick ist eigentlich keine Sache des Auges, sondern des Herzens, das sich des Auges nur bedient. Zorn, Eifersucht, Neid liegen zugrunde. Sie vergiften die eigenen ›Säfte‹ und machen den Körper fähig, den bösen Blick, der auch »der neidische« heißt, wie einen vergifteten Pfeil auszusenden. Fast immer gibt es die Einheit mit dem Wort, dem ›Beschreien‹. Ein hübsches Kind anzusehen und es als solches zu loben, galt schon als gefährlich. Es könnte sich um einen bösen Blick und ein böses Wort handeln, um ›Faszination‹, was ursprünglich einmal Verhexung bedeutete. Dabei gibt es neben den bewusst die unbewusst ›Faszinierenden‹, denen die fürchterliche Gabe angeboren ist. Zum Glück sieht man es ihnen meist an: anhand der besonders buschigen Augenbrauen etwa. Auch Schielen oder gerötete Augenlider sind ein Hinweis.

Was unter diesem Blick nicht alles zustande kommen kann! Nicht nur Menschen sind betroffen und nicht immer ist es gleich der Tod. Krankheit soll die häufigste Folge sein, besonders Syphilis, Impotenz, Unfruchtbarkeit. Kühe verlieren die Milch, Pflanzen welken, Kronleuchter fallen von der Decke. Am unglaublichsten: Die Erde fängt an zu beben und Vulkane speien Feuer. Schutz gibt es immerhin reichlich. Einige Metalle und zahlreiche Pflanzen sind speziell dafür geeignet. Darüber hinaus Tierisches wie Hörner, Zähne, Krallen. Schließlich helfen obszöne Gesten. Wie darauf freilich Vulkane reagieren sollen, bleibt ein Geheimnis.

Die Aufklärung gilt als die Zeit, in der solche Vorstellungen allmählich ausstarben. Lichtenberg gehört zu den größten Spöttern über alle Reste von Magie. Dabei schrieb er selbst einen Beitrag mit dem eigenartigen Titel *Über einige wichtige Pflichten gegen die Augen*. In ihm ist allabendliches Augenbaden mit einem Aufguss aus Branntwein und Rosmarinnadeln empfohlen.

Jungbrunnen

Lebensverlängerung, ewiges Leben gar zu erreichen, war ein Ziel der Alchemie. Daneben gab es einen bescheideneren Wunsch und eine andere Methode: Verjüngung. Nicht Medizin hilft dabei, sondern Kur. Keine spezielle Behandlung ist die Voraussetzung, sondern purer Genuss. Dafür gab es die Jungbrunnen des Mittelalters und der frühen Neuzeit. Als alte Vettel oder Tattergreis ins Bad hineinzusteigen und als knackige Jungfrau oder Modellathlet herauszutreten – davon träumten viele. Bilder über Bilder zeigen es, darunter berühmte wie die Darstellung von Lucas Cranach dem Älteren von 1546, die heute in Berlin zu sehen ist.

Manche dieser Darstellungen sind derart offenherzig, dass man daraus auf Freizügigkeit in der guten alten Zeit geschlossen hat. Aber die gepinselten Regungen des Fleisches sollten nur den Erfolg der Kur verdeutlichen. In den wirklichen Badestuben und Freibädern ging es durchweg züchtig zu. Selbst Voyeure, ebenfalls in vielen Bildern festgehalten, hatten es schwer. Geschlechtertrennung war überall Vorschrift. Wo Bademägde auf badende Herren stießen, hielten diese ihre Finger besser bei sich, wenn sie nicht kräftige Strafen riskieren wollten. Dass aus harmlosen Badestuben Bordelle werden konnten und auch so genannte Wildbäder in der freien Natur einen schlechten Ruf bekamen, steht auf einem anderen Blatt.

Erstaunlich sind dabei nicht nur diese Entgleisungen. Erstaunlich ist auch das Baden als solches. Wer in der Geschichte immer nur an Fortschritt denkt, wird

verwundert zur Kenntnis nehmen, dass den badefreu-
digen Zeiten des Mittelalters eher bademufflige folgten. Ludwig XIV. hat nach Ausweis seiner Leibärzte
zwischen 1647 und 1711, seinem Todesjahr, ein einziges Mal gebadet, und zwar 1665. Dass er von einem
Zeitgenossen trotzdem als die Reinlichkeit in Person
hingestellt wurde, verdankt sich allein dem in Wein-
geist getauchten Tuch, mit dem er sich jeden zweiten
Tag das Gesicht abwischte. Und seinen Parfüms, die er
wohl dringend nötig hatte. Das Baden war eben restlos
aus der Mode gekommen.

Aber auch die Verjüngungskur hat sich damals entsprechend umgestellt. Seit etwa 1600 gibt es jedenfalls
auf bildlichen Darstellungen die Altweibermühle, eine
wohl satirisch gemeinte Version des Jungbrunnens.
Für Männer existierte parallel dazu der Verjüngungs-
ofen – warum hier gebrannt, dort gemahlen wurde,
bleibt unklar. Von beidem ist nichts mehr übrig geblieben, der Jungbrunnen hat sich letztlich durchgesetzt.
Klar, wenn man bedenkt, dass er in den Wellnessberei-
chen der Luxushotels beinahe unverändert weiterlebt.
Nur wurden die Damen und Herren auf den alten Bildern erheblich jünger, als es die marktschreierischsten
Hoteliers auf den glänzendsten Prospekten hinauszu-
posaunen wagen.

Knoten geplatzt

»Endlich ist der Knoten geplatzt.« Aktionäre warten sehnsüchtig auf den Spruch. Auch Eltern kommentieren mit ihm freudig einen kaum noch erhofften Entwicklungssprung ihres Sprösslings. Welcher Knoten? Und wieso geplatzt?

Die Angelegenheit ist völlig wörtlich zu nehmen. Man ›bindet‹ das Böse, indem man es bindet. Der Knoten in einem Seil oder Tuch steht stellvertretend für eine Person, der man etwas Böses zufügt. Natürlich liegt das Gegenmittel in der Lösung des Knotens. Um das zu verhindern, wird der Knoten so fest und schwierig gemacht wie möglich. An Knoten dieser Art arbeitet man sich entsprechend ab. Wenn sie endlich aufgehen, dann ist dies ein dramatischer Akt – *deshalb* die Vorstellung des Platzens. Jeder kennt wohl die Geschichte vom Gordischen Knoten, der demjenigen, der ihn lösen würde, die Weltherrschaft versprach. Alexander der Große soll das mit einem Schwertschlag erledigt haben. Also nicht gerade ein Platzen, aber doch ein reichlich spektakuläres Lösen.

In der Alltagsmagie spielt Weltherrschaft eine geringe Rolle. Dort hat man es eher mit Warzen oder Hühneraugen zu tun. Derartiges kann man *ein*knoten, um das Übel abzustellen. Solche heilenden Knoten gibt es gegen praktisch alles, was weh tut oder sonst wie unangenehm ist: gegen Brüche, gegen die Gicht. Sogar gegen Hämorrhoiden, wobei nicht gesagt wird, wo genau in diesem Fall der Knoten gemacht wird. Umgekehrt sorgt man dafür, dass man nirgendwo an seiner Kleidung Knoten hat, die womöglich Übles anrichten.

Bei der Braut ist besonders darauf zu achten, weil in diesem Fall Knoten die Empfängnis verhüten könnten. Vor der Einsegnung werden deshalb mancherorts vorhandene Knoten feierlich gelöst. Unpraktisch, wenn die Furcht vor dem Knoten so weit geht, dass sogar der Verband einer Wunde nicht geknotet werden darf.

Andererseits ist es wie fast immer in der Magie: Es gibt nicht nur den Unglücksknoten, es gibt auch den Glücksknoten. Hier dient er besonders als Liebeszauber, der natürlich den Auserwählten bzw. die Auserwählte bindet. Sein bevorzugter Ort ist das Strumpfband der Dame. In der Prachtbibel, die König Wenzel um 1400 für seine Frau anfertigen ließ, gibt es an den Rändern allerhand Schmuck, darunter immer wieder Knoten. Der einzige deutsche König, der jemals wegen Unfähigkeit abgesetzt wurde, liebte seine Frau eben wirklich. Aber auch gewöhnliche Menschen versuchen, mit dem Knoten das Glück zu befördern. Angler machen sich mit einem Knoten in ihrer Schnur dämonische Mächte zu Diensten.

Und der Knoten im Taschentuch? Schlecht, wenn der platzt, denn dann ist der Zweck der Aktion dahin. In diesem Fall soll der auffällige Knäuel den Besitzer an irgendwas erinnern. Allerdings muss diesem im richtigen Moment die Nase laufen. Da ist Magie sicherer.

Eine andere Art von Besprechen

Lange bevor Odysseus seine Irrfahrten antritt, geht er mit einer kleinen männlichen Gesellschaft auf Eberjagd. Aber der Eber will nicht von einem noch so großen Helden sterben. Er rennt ihm seine Hauer in den Leib, ehe es ihn selbst erwischt. Odysseus liegt in seinem Blut, die Gefährten eilen herbei. Und was geschieht mit der Wunde? Sie wird ›besprochen‹. Nur eine Narbe bleibt, an der Odysseus bei seiner Rückkehr erkannt wird. Szenenwechsel mit Abstand von gut 2500 Jahren. Ein Kind hat sich den Finger geklemmt und schreit erbärmlich. Die Mutter kommt und muss suchen, um die ›Wunde‹ zu entdecken. Dann folgt die Therapie. Die Mutter singt ein kleines Lied: »Heile, heile Segen, / morgen gibt es Regen. / Übermorgen Sonnenschein, / dann wird's wieder heile sein.« Bald schon hört das Weinen auf, das ›Besprechen‹ hat geholfen.

Kaum zu glauben, aber wahr: Das Besprechen ist das älteste Heilverfahren der Menschheit. In ihm liegt eine stärkere Macht als in Pulver und Kraut. Am Anfang war eben wirklich das Wort. Ein Wort mit einer Macht, die wir uns nicht mehr vorstellen können. Priester, Arzt, Zauberer und nicht zuletzt Poet waren ein und dieselbe Person. Sprechen in ritueller Form, mit vorgeschriebenem Inhalt, in metrisch-rhythmischer Bindung, mit ›erhobener‹ Stimme jenseits von Alltagsartikulation – darin lag Kraft. Wie viel davon haben wir verloren! Aber schön, dass eine allerletzte Spur noch da ist: »Heile, heile Segen ...«. Und das sogar mit beobachtbarem Erfolg.

Was die heutige Mutter nicht mehr ahnt und was vielleicht sogar dem listenreichen Odysseus nicht klar war: Das Besprechen zielt nicht auf das Blut, sondern auf diejenigen, die es austreten lassen – die Dämonen. Krankheit, Verwundung gilt als ein Werk böser Geister und ihres Zaubers. Besprechen ist *Gegen*zauber, die Heilung ein Kampf. Deshalb braucht man Könner oder Kenner, noch lange nicht jeder ist dazu in der Lage. In unserer Kultur waren Schmiede gefragte Leute. Mit der Metallverarbeitung beherrschten sie eine andere große Kunst, die auf ›höherem‹ Umgang mit der Natur beruht. Auch Schäfer findet man unter den Experten, wundert sich eher über Metzger, Schinder, Scharfrichter, die eigentlich nur ihrer praktischen Kenntnisse wegen infrage kommen.

Die Anwendung selbst findet auf vielerlei Art statt. Es gibt Zauberformeln, die in christlichen Zeiten Konkurrenz vom Gebet bekommen bzw. mit ihm verschmelzen. Unter den ältesten Zeugnissen geschriebener deutscher Sprache rangieren die so genannten *Merseburger Zaubersprüche*, mit denen man Vieh heilte. Das Sprechen erhält gelegentlich Assistenz von Handauflegen oder sonstigem Berühren, am besten bei Vollmond oder wenigstens des Nachts. Das Stillen von Blutungen ist geradezu die Spezialität, weiter stehen die Befreiung von Warzen oder Kröpfen, das Heilen von Brandwunden oder Hautausschlag auf der Liste ganz oben.

Dabei musste sich auch der Behandelte selbst an Regeln halten. Die eigenartigste: Für diese Art von Heilung darf nicht bezahlt werden. Aber nicht zu früh gefreut! Man legte Geld heimlich auf den Tisch – so wie heutzutage nach einem Cappuccino beim Italiener. Aber so ein Kaffee macht ja auch wirklich munter.

Nadelstiche

Wir kennen sie als Alternative zu stärkeren Formen der Gewalt: Nadelstiche. Nicht gleich Schwert oder Pistole und vor allem auch nicht so direkt. Vielmehr öfter und über längere Zeiträume! Nadelstiche beziehen ihre Wirkung aus dem Angriff, der verletzt, aber keine Wunden reißt. Es genügt, dass der Stich etwas ›sagt‹. Nicht umsonst gibt es das ›Sticheln‹ als spezielle Form der Kommunikation.

Eigenartig, dass die Magie die Nadel tückischer einsetzt. Hier ist sie wirklich eine Waffe, die sogar tödlich sein kann. Im Voodoo-Zauber vor allem, wo der Stich in die Puppe dem mit dieser Puppe Gemeinten gilt. Auch der Hexenschuss geht unter anderem auf Stiche mit drei gelben Nadeln zurück. Ansonsten genügt das Verstecken der Nadel, um einem Bauern das Jungvieh zu töten, wie es in einem Prozess aus dem Jahr 1651 verhandelt wurde. Damals war ein nadelgespicktes Taschentuch das Corpus delicti. Das ›Verstahlen‹ von Weiden, indem man in jede Ecke eine Nadel in den Boden steckte, muss geradezu ein Routinedelikt gewesen sein, wie schon die Bildung eines eigenen Terminus lehrt.

Ganz so düster bleibt das Bild nicht, wenn von der Nadel in der Magie die Rede ist. Ein gefundenes Exemplar kann Glück bringen. Freilich darf eine solche Nadel dem Finder nicht die Spitze zukehren. Stecknadeln soll man auch nicht verleihen oder verschenken, weil man sonst das Glück ›weggibt‹ – zu Hause bringt die Nadel durchaus Glück. Man kann dort mit ihr allerhand Zauberei anstellen. Zum Beispiel sie rückwärts über den Kopf werfen. Weil die meisten von uns in diese Richtung noch schlechter zielen können als vorwärts, lässt sich daraus ablesen, woher Unheil droht. Auch als Liebesorakel ist die Nadel willkommen. Man legt sie vorsichtig aufs Wasser und schaut, ob sie eine Zeitlang an der Oberfläche schwimmt oder gleich versinkt. Im ersten Falle bedeutet es Glück, im zweiten natürlich Unglück.

Die Kraft der Nadel kann gesteigert werden, wenn sie in irgendeiner Weise mit Toten in Verbindung gebracht wird. Nähnadeln, mit denen das Leichentuch genäht worden ist, oder Stecknadeln, die einmal in einem solchen gesteckt haben, sind wahre Zaubernadeln. Man kann mit ihnen die Butter oder das Bier verderben lassen, sogar Impotenz anhexen. Andererseits schützen solche Nadeln vor Todesfurcht. Eher rührend ist die Nachricht, dass man jungen Männern heimlich solche Nadeln in den rechten Rockärmel einnähte, um sie vorm Militärdienst zu bewahren.

Eine der Maßnahmen, von denen soeben die Rede war, muss auf jeden Fall bis heute nicht nur bekannt geblieben sein, sondern wird auch praktiziert. In einer Zeitung war vor kurzem zu lesen, dass die Fans des lokalen Fußballvereins hinter das gegnerische Tor Nadeln in den Rasen steckten, ihn also ›verstahlten‹. Der Verein ist inzwischen abgestiegen. Ob man sich im Tor geirrt hat?

Schuhtick

Eine Frage an die Männer: Kennen Sie eine erwachsene Frau mit halbwegs gesichertem Einkommen, die keinen Schuhtick hat? Wenn ja, Vorsicht! Es könnte sich nicht nur um eine Rarität handeln, sondern um eine solche, die sonst noch Überraschungen bereit hält. Was ein Schuhtick genau ist? Sie sind in Florenz, Paris oder London, wollen sich Straßen und Plätze anschauen, suchen Kirchen oder sonstige architektonische Meisterwerke – und kommen nicht vom Fleck. Ihre Frau bleibt vor jedem Schuhgeschäft stehen. Davon gibt es allein in Florenz Hunderte.

Was wohl weder die neugierigen Frauen noch ihre genervten Männer wissen: Der Schuh ist ein Sinnbild der Macht, des Rechts, des Besitzes. In allen wichtigen Zeremonien wird er hervorgehoben. Zum Krönungsornat der deutschen Könige gehörten genauso besondere Schuhe wie zur Ausstattung jeder Braut bei der Trauung. Darüber hinaus ist der Schuh Sinnbild des weiblichen Geschlechts, besonders der Fruchtbarkeit. Was es bedeutet, dass der Fuß in den Schuh schlüpft, braucht man kaum auszuführen. Schließlich ist der beschuhte Fuß ein Schönheitsmerkmal. Vor allem der zierliche Schuh, zu dem nur eine zierliche Person gehören kann – siehe Aschenputtel. Kein Wunder also, dass die Belege für Schuhfetischismus, für Magie in Verbindung mit Schuhen zahllos sind.

Schon Kaiser Augustus erschrak, wenn er sich morgens einen Schuh auf den falschen Fuß zog, ja hielt einen Aufstand für die Folge eines solchen Versehens. Den linken vor dem rechten Schuh anzuziehen, bedeutete immer Unglück. Andererseits knüpft sich auch Positives an den Schuh. Man kann damit Dämonen abschrecken, indem man abends die Spitzen gegen die Tür richtet. Einem Abschied Nehmenden soll man einen Schuh nachwerfen, um ihm Glück zu wünschen. Beim Liebeszauber schenkt die Dame dem Ersehnten einen Schuh, um ans Ziel ihrer Wünsche zu kommen. Man kann auch dem Begehrten einen Schuh entwenden, ihn heimlich tragen und zurückgeben. Umgekehrt wird man jemanden los, wenn man Mist in den Schuh legt und sich beim Gehen daran satt riecht. Die ›Liebe‹ werde dann ebenfalls stinkend.

Besser bekannt dürfte der Glaube sein, dass neue Schuhe, die knarren, nicht bezahlt sind. Daran wird die magische Verbindung zwischen dem Hersteller und seinem Werk deutlich. Der Schuster kann den Käufer mit dem Knarren ›mahnen‹. Verbreiteter ist diese Form des Sympathiezaubers freilich bei den Strümpfen, die noch besser Schweiß annehmen als Schuhe. Kocht man sie und trinkt anschließend das Gebräu, so kann man allerhand Einfluss auf den Träger nehmen. Na dann, Prost!

Doch bleiben wir beim Schuh bzw. gehen wir über zum Pantoffel. Er bringt uns zurück zum Herrschaftssymbol und wieder mitten hinein in die Beziehung der Geschlechter. Bei der Hochzeit versucht die Braut, dem Bräutigam im entscheidenden Moment auf den Fuß zu treten, um sich für die Zukunft Dominanz zu sichern. Falls es gelingt, steht der Mann eben auch später unter dem Pantoffel. Nun frage noch jemand, wieso die meisten Frauen an keinem Schuhgeschäft vorübergehen!

Magie in der Natur

Der Amethyst, der nüchtern macht

Sie müssen den Menschen immer ein Rätsel gewesen sein. Hart, viel härter als Stein. Und doch durchsichtig, wenigstens leuchtend in allen Farben – die Edelsteine. Kein Wunder also, dass wir in allen Kulturen auf Bewunderung stoßen. Ob im alten Athen oder Jerusalem, in China oder bei den Inkas: Was so jenseits des Alltäglichen liegt, muss ungewöhnliche Kräfte besitzen.

Und so sehen wir harmlose Philosophen und mächtige Politiker gleichermaßen dem Charme des edlen Glanzes erliegen. Platon schätzte den Smaragd am meisten. Im *Phaidon* versinnbildlicht er die Unsterblichkeit der Seele. Die Goten schwärmten für den Karfunkel, der gleichermaßen Rubine und Granate bezeichnet. Er erinnerte sie an glimmendes Feuer. Karl der Große trug als Talisman einen tiefblauen Saphir, ein Abbild des Himmels. Die deutsche Reichskrone, um 1000 gefertigt, war mit einem Opal geziert, umgeben von Saphiren, Smaragden und Amethysten. Albertus Magnus, wirklicher Kenner der Materie, bewertete den Adamas, den ›unzerstörbaren‹ Diamanten, am höchsten, weil er am härtesten ist. Allerdings sind objektive Kriterien sonst wenig von Interesse. Überall spielt die Symbolkraft der Farben die wichtigste Rolle.

Ganze Bücher bieten das Wissen gesammelt an. Bis auf Aristoteles wird die Tradition zurückgeführt, die sich besonders mit den magischen Kräften beschäftigt. Seit dem 12. Jahrhundert gilt das *Steinbuch* des Marbod von Rennes als Standardwerk. Vom griechischen Arzt Dioskurides aus dem 1. Jahrhundert n. Chr. stammen die ersten Rezepte: etwa Brei aus Saphirstaub gegen Skorpionstiche. Aus Indien scheint diese Medizin importiert. Um 1000 wird sie von arabischen Ärzten verbreitet und findet in Europa in Hildegard von Bingen ihre stärkste Befürworterin. Lapislazuli oder Rubin als Herzmittel, der geflammte Sardonyx gegen Fieber – breit ist das Spektrum der Anwendungen, kaum eine Krankheit ohne zuständigen Stein.

Aber die Kräfte reichen noch weiter. Es gibt Edelsteine, die unsichtbar machen, indem sie mit ihren Strahlen das Auge ablenken. Man kennt es vielleicht von Gyges, der so die Gattin seines Königs (auf dessen unseligen Wunsch hin) nackt betrachtete und dafür schwer büßen musste. Andere Steine schützen vor allerlei Ungemach: vor Ertrinken, vor Verbrennen – sogar vor Einbrechern. Mit dem Magnet lässt sich die eheliche Treue testen, wenigstens die der Frau. Unter das Kopfkissen der Schlafenden gelegt, fällt die treue dem Mann um den Hals, die untreue aus dem Bett. Weniger dramatisch der Achat, der den Träger angenehm macht, so wie es bei Lessing der Opal tut. Freilich listigerweise nur bei dem, der ihn in dieser Zuversicht trägt.

Eine Einschränkung mindert auch die Kraft des Amethysts. Er bewahre vor Trunkenheit, heißt es, sogar bei der heiligen Hildegard und dem ganz der Wissenschaft hingegebenen Albert. Freilich galt der Schutz lediglich bei Rotwein, weil die Kraft auf die rote Farbe des Steins zurückgeführt wird. Und was, wenn unsere armen Vorfahren Bier tranken?

Die Poren des Johanniskrauts

In einem Punkt unterscheiden sich unsere modernen Medikamente nicht von den alten: Sie enthalten Wirkstoffe zur Beförderung des Heilungsprozesses. Aber wie findet man diese? Hier tun sich Abgründe zwischen den Zeiten auf. Früher hat man geglaubt, Gott habe nicht nur die Wirkstoffe gegeben, sondern auch Tipps zu ihrer Entdeckung. Was wirkt, trage auch ein Zeichen dieses Wirkens an sich. Aber wie sehen diese Zeichen aus? Das Einfachste war immer die Farbe. Blut stillt man mit etwas Rotem, zum Beispiel mit der Koralle. Andere Zeichen liegen in der Form oder Gestalt. Die Wassersucht, Schwellungen in den Gelenken, bekämpft man mit der schwarzen Nieswurz, die eine starke Wurzel besitzt und das Wasser ›herauszieht‹. Auch im Geschmack, in allem irgendwie Wahrnehmbaren liegen Zeichen, die den Weg der Heilung weisen – wenn man denn den richtigen Riecher dafür hat.

Betrachten wir etwas genauer die bekannteste Heilpflanze überhaupt, das Johanniskraut. Und ziehen wir dazu Paracelsus heran. In seiner Kräuterschrift mit dem Titel *Herbarius*, die das mittelalterliche Wissen auf gesicherte empirische Grundlagen stellen will, geht er vom lateinischen Namen aus: *perforata*, so wie heute noch die biologisch exakte Bezeichnung lautet: *Hypericum perforatum*. Das Zeichen ist also die ›Durchlöcherung‹, die man an Blättern, Ästen, auch an den Adern der Blätter findet. Löcher aber weisen auf Öffnung – und das deutet auf ›Säuberung‹, ›Austreibung‹. Damit ist für Paracelsus die Anwendung klar: Johanniskraut hilft gegen Würmer und böse Geister. Irgendwie scheint trotz der seltsamen Methode am Ergebnis etwas dran zu sein. Noch in einem modernen Lexikon findet man das Johanniskraut als volksmedizinisches Mittel gegen Würmer und nervöse Störungen.

Paracelsus ging jedoch noch weiter. Gegen die »wirren Geiste« sollte das Johanniskraut nach dem richtigen Stand der Sterne genommen werden. Nicht beim Mond, sondern bei der Sonne, am besten bei Sonnenaufgang. Und dies im Zeichen von ›aktiven‹ Planeten wie Mars oder Venus, nicht des melancholischen Saturn. Bei der Wurmbekämpfung empfiehlt Paracelsus eine Konstellation, in der man das Holz schlägt, also im Winter. Zu dieser Zeit wüchsen keine Würmer. Die Würmer im Körper ergriffen beim Anblick des Johanniskrauts entsprechend die Flucht, weil sie glaubten, sie hätten sich im Kalender geirrt.

Arme Pharmazeuten in ihren modernen Laboratorien! Ohne alle Zeichen prüfen sie Stoffe auf ihre Wirkung. Ob nicht hin und wieder die Phantasie das Suchen abkürzt? Wer weiß schon, wie *unsere* Mittel gegen Würmer und Nervosität gefunden wurden.

Falsch gepolt

»Sie ist mir sympathisch.« Das will ja wohl sagen: Sie zieht mich an. Das Gegenteil ist völlig klar. »Sie ist mir unsympathisch«, sie stößt mich ab. Anziehen und abstoßen – es klingt nicht zufällig nach Physik. Der Vorgang der Sympathie und Antipathie ist tatsächlich einmal als eine Art natürlicher Prozess verstanden worden. Persönlichkeiten sind mit eigenartigen Kräften ausgestattet, die auch sonst in der Natur vorkommen. Beim Magneten ist es ganz ähnlich. Je nachdem, wie man ihn hält, zieht er Eisenspäne in die eine oder die andere Richtung. Warum soll das nicht auch bei Menschen funktionieren?

Die Vorstellung ist also noch da, dass Gefühle irgendwie auf Naturvorgängen beruhen, eine natürliche, ja physikalische Grundlage besitzen. Im Grunde ein praktisches Menschenbild, das von mancherlei Anstrengung befreit. »Was soll ich machen, dass ich sie nicht leiden kann?« Eben, was schon? Wenn sie doch falsch gepolt ist. Für die meisten gilt dies freilich nur noch metaphorisch, als ein schönes, aber unpräzises Bild für die wahren Vorgänge. In unserer physikbestimmten Welt sind Gedanken und Gefühle eher physik*frei* geworden. Früher war dies anders. Je weniger man von Physik verstand, um so physikalischer war die Welt. Selbst das Sehen stellte man sich so vor, dass Gegenstände ständig kleine Bilder von sich lösen, die dann von einem Auge erfasst werden, das selbst als Strahl den Bildern gewissermaßen entgegenkommt. »Sie strahlte mich an« ist tatsächlich einmal konkret gemeint gewesen.

Der eindrucksvollste Beleg für diese Art von Sympathiewirkung ist die berühmt-berüchtigte Waffensalbe, die durch die europäische Magieliteratur geistert. Ein Schwert hat einen Menschen verwundet. Statt die Wunde zu versorgen, wird das Schwert mit Salbe bestrichen, wenn man das Glück hat, seiner habhaft zu werden. Das Instrument, von dem die Verwundung ausgegangen ist, steht also mit der Wunde noch in Beziehung. Wird es richtig behandelt, macht es die Verwundung, die es erzeugt hat, auch wieder rückgängig. Es gibt eben eine magnetisch-sympathetische Beziehung. Übrigens ist diese Art des Denkens weltweit gefunden worden. Der Melanesier vergräbt den Bogen, von dem ihn der Pfeil getroffen hat, in der kühlen Erde, um eine Entzündung der Wunde zu verhindern.

Physik, wo keine Physik möglich ist? Ja, für uns! Aber so ganz ist die Vorstellung nicht verschwunden. Wer hätte nicht schon einmal versucht, seinen Partner endlich umzupolen?

Menstruationsblut

Wer sich in die Geschichte magischer Praktiken einarbeitet, wird irgendwann die Frage stellen: Wie kann sich ein Glaube an Dinge halten, die jeder Erfahrung spotten? Ich kann natürliche Ereignisse auf dämonische Einwirkung zurückführen – gut! Ich kann glauben, dass die Sterne mein Schicksal bestimmen – auch gut! Aber wie kann ich glauben, dass ein Spiegel, in den eine menstruierende Frau schaut, blind wird? In meiner Familie gibt es doch Frauen, die manchmal menstruieren, und jede Menge Spiegel. Ich brauche ja nicht einmal den Grund zu sagen, warum sie in den Spiegel schauen sollen. »Sieh doch mal, was ich hier habe? Wie findest du den Spiegel?« Und schon weiß ich Bescheid. Jahrtausendelang hat das offenbar keiner gefragt.

Wahrscheinlich muss man anders ansetzen: bei der ungeheuerlichen Abwertung der Frau, die jeden Unsinn rechtfertigt. Bloß vom schwachen Geschlecht zu sprechen, war eher Lobhudelei. Dumm, dreist, verführerisch, männermordend und was sonst alles sollte sie sein. Und dann noch dieses rätselhafte Blut in noch größerer Rätselhaftigkeit regelmäßig wiederkehrend, nach Mondphasen. Deshalb die Bezeichnung als *mensis*, »Monat«, Grundlage des grausamen Wortes Menstruation, was in der Werbung niemals vorkommt. Von ›Sicherheit‹ ist die Rede, *always*-mäßiger Sicherheit. Man sieht dazu sportliche Aktivitäten sportlicher Wesen über den Bildschirm flimmern. Dabei war für Jahrtausende das einzig Sichere, dass dieses Blut das Aggressivste ist, was die Natur zu bieten hat. Nicht Sicherheit, sondern sichere Vernichtung.

Der blinde Spiegel ist ja noch harmlos. Plinius, der ausführlichste Sammler auch in diesem Punkt, häuft einige Seiten Horror an, was Menstruierende so alles anrichten. Daraus hat dann jeder spätere Berichterstatter abgeschrieben, was er brauchen konnte. Noch im 16. Jahrhundert gehört zum Standard: Der Most wird sauer, der Weinstock für immer unfruchtbar, Knospen verdorren, Obst fällt von den Bäumen, das Rasiermesser wird stumpf, Elfenbein verliert seinen Schimmer, Eisen rostet schneller als gewöhnlich, auf Messing setzt sich Grünspan, Hunde werden beim Auflecken toll, Bienenvölker sterben bei Berühren des Korbes aus, Stuten bekommen eine Fehlgeburt, Kleider und Blumen verlieren ihre Farbe. Das war O-Ton Agrippa von Nettesheim, Doktor beider Rechte und der Medizin, Professor an mehreren Universitäten.

Es wird keinen Zweck haben, dass man hinzufügt, Agrippa hätte das Peinlichste weggelassen. Zum Beispiel, dass man menstruierende Frauen in der Antike als eine Art Insektenvernichtungsmittel betrachtet hat. Mit aufgeschürzten Röcken durch die Felder laufend, sollen sämtliche Raupen vom Stängel gefallen sein. Nein, es hat keinen Zweck, weil hinter jedem Horror noch größerer wartet. Im Falle von Plinius gipfelt der Bericht in der Behauptung, man könne sich gegen die verlogenen Praktiken der Magier wehren. Und wie? Ganz einfach! Indem man die Türpfosten seines Hauses mit Menstruationsblut bestreiche. Da verliert man die Lust am Lesen und sieht lieber Werbung im Fernsehen. Selbst wenn es sich um gewisse Vorkehrungen gegen das Menstruationsblut handelt.

Gedankenübertragung

In einem Buch mit dem Titel *Le Jour des Magiciens*, »Der Tag der Magier« (Paris 1960), findet sich ein Bericht über die erste spektakuläre Tauchfahrt des amerikanischen Atom-U-Boots Nautilus unter dem Packeis der Arktis im Jahre 1959. Wie der Titel vermuten lässt, geht es freilich nicht um technische oder militärische Leistungen. Es geht vielmehr um Magie. Aber um welche?

Wer sich mit moderner Kommunikationstechnik auskennt, wird es vielleicht erraten. Unter dem Packeis bricht jeder Funkkontakt ab. Ein sehr altes Verständigungsmittel feierte deshalb seine unverhoffte Wiederkehr: die Telepathie. Wenn nicht Namen und Institutionen genannt wären, würde man es nicht glauben. Im U-Boot saß der Marineleutnant Jones, der mit dem Studenten Smith von der Duke-University in Durham, North-Carolina, ›kommunizierte‹. Das Ganze stand unter der Leitung von Oberst Bowers vom *Centre des recherches spéciales Westinghouse* in Friendship, Maryland. Als Code dienten fünf ›Morsezeichen‹: Stern, Kreuz, Kreis, Viereck, 3-Wellen-Linie. Die Quote der Treffer ist mit 70 Prozent angegeben. Wenn man denn erführe, was als Treffer galt – und warum 30 Prozent Fehler zustande kamen.

Verblüffend an dieser Nachricht ist jedoch letztlich weniger die Telepathie denn die Mischung, in der sie vorkommt: modernste Technik auf der einen Seite, Altväterglaube auf der andern. Natürlich ist die Vorstellung von Telepathie als solcher nichts Besonderes. An Gedankenübertragung hat man immer geglaubt.

Agrippa von Nettesheim, der größte Spezialist aus der Zeit der Renaissance, widmet ihr in seiner Darstellung der Magie ein Unterkapitel. Im Volksglauben aller Zeiten war sie ebenfalls immer fest verankert. Nicht zuletzt als Erraten fremder Gedanken finden wir sie. Wer eine von einem andern angebissene Brotschnitte weiterisst, weiß, was dieser denkt. Es gibt sogar eine Steigerung. Wer sich in der Ferne nach Hause sehnt, der erscheint den Seinen daheim bildlich – also Fernsehen, nicht bloß Radio.

Was liegt zugrunde? Wie immer ein Wunsch! Ich *will* eine Verbindung. Warum soll sie nicht möglich sein? Die Entfernung als solche kann es nicht hindern, wo so viele Erscheinungen zu beobachten sind, die sich über Entfernungen hinwegsetzen. Der Mond, der das Meer anzieht, zum Beispiel. Oder die Saite eines Musikinstruments, die sich wie mit Geisterhand in Bewegung setzt, wenn ihr Ton von einer anderen Saite angeschlagen wird. Die Wissenschaft ist immer einen anderen Weg gegangen. Nicht der Wunsch steht am Anfang, sondern das Suchen. Irgendetwas regt sich, bewegt sich, reagiert. Welche Wünsche lassen sich damit erfüllen? Ein kleiner Unterschied, aber mit welchen Folgen!

Eier vom Osterhasen

Es gibt auch beim Aberglauben Abstufungen der Zumutbarkeit. Dazu gehören die Ostereier. Dass der Osterhase sie bringt, nachdem er sie während der Fastenzeit fleißig selbst gelegt hat, erzählte man wohl schon immer nur den Kindern. Wenn man liest, dass im Berner Emmental die Ostereier vom Kuckuck stammen, mag dies vielleicht für den Wirklichkeitssinn der Schweizer sprechen. Es befestigt aber nur die Tatsache, dass es eben unbedingt die Hühner *nicht* gewesen sein sollen.

Zwecklos, danach zu fragen, woher der Glaube stammt! Das Ei ist kulturübergreifend ein Fruchtbarkeitssymbol, würde zu Ostern als Zeit des Frühlings und damit der Hoffnung auf Nahrung für das kommende Jahr passen. Das Färben lässt sich mindestens seit 450 Jahren belegen. Das Schenken dürfte noch älter sein. Wie so oft, wenn es sich um magische Geschenke handelt, die irgendwie heilbringend wirken sollen, kommt eine ›Erschwerung‹ hinzu: in diesem Fall das Verstecken, wobei auch einmal tiefe Löcher bis zu eineinhalb Metern genannt werden. Ob der Hase ebenfalls nur ein weiteres Stück ›Erschwerung‹ darstellt?

Auf jeden Fall sind die Eier zum Essen da, und zwar nicht nur für die Kinder, sondern für alle. Manchmal wird dies auf den Ostertag selbst eingeschränkt. Es gibt sogar eine besonders heikle Form des Essens: nämlich mitsamt der Schale. Aber niemand bekommt nur ein einziges Ei, folglich kann man mehr damit anfangen, als sie gleich zu vertilgen. Häufig schreibt man den Ostereiern eine Steigerung der männlichen Potenz zu, was zu einer Aufbewahrung für entsprechende Fälle führt. Am Karfreitag, also in nächster Nähe zu Ostern, gibt es den Brauch, dass die Dame des Hauses ihrem Mann ein gesottenes Gänseei zum Frühstück ans Bett bringt oder am Abend einen Eierkuchen zubereitet. Der Zweck ist eindeutig derselbe wie gerade behandelt. Bekanntlich gibt es heute andere und sicherere Methoden für derlei Wirkungen. Die Frage drängt sich auf, warum der Brauch trotzdem überlebt hat. Vor allem natürlich, warum sogar der Glaube an den Eier legenden Osterhasen für die Kinder hartnäckig konserviert wird.

Ein Grund liegt nahe: Wer soll noch an Wunder glauben, wenn auch die Ostereier bloß vom Huhn stammen? Womit ein wichtiger Punkt berührt ist, der vielleicht ein anderes Wunder erklärt: dass man einen Glauben an Dinge erzeugen kann, die schlicht nicht sein können. Das Ei des Hasen ist mit anderen Worten ein Paradebeispiel für die Werbesprache, ja das Ei des Hasen ist das moderne Äquivalent zum Ei des Kolumbus. Kolumbus fuhr bekanntlich nach Westen, um den Osten zu erreichen. Welch ein Wahnsinn mit Methode! Die Kinder sollen an das Ei des Hasen glauben, um als Erwachsene den Werbestrategen auch alles andere freudig abzunehmen. Welch eine Methode für Wahnsinn!

Wünschelrute

Wohl kein Sonderfall des Aberglaubens ist wissenschaftlich so genau erforscht worden wie der Umgang mit der Wünschelrute. 1990 lobte die *Gesellschaft zur wissenschaftlichen Untersuchung von Parawissenschaften e. V.* (GWUP) in Kassel einen Preis in Höhe von 20 000 DM aus. Die geforderte Trefferquote lag bei mindestens 80 Prozent. Zwanzig Kandidaten meldeten sich. Sie wollten unter kontrollierten Bedingungen verborgen fließendes Wasser und versteckte Gegenstände aufspüren. Niemand erreichte das Ziel. Natürlich hat dies genau so wenig genützt wie all die anderen in die Tausende gehenden Nachweise der Unwirksamkeit, besonders in der Medizin. Wo Wünschelrutengänger Krebskranken mit dem Wegrücken des Bettes von angeblichen Wasseradern Heilung versprechen, hört der Spaß auf.

Trotzdem ist interessant, wie Wünschelrutengänger ihr Tun begründen. Surft man im Internet, so erhält man Hinweise auf 8000 Jahre alte Höhlenzeichnungen oder die ›Tatsache‹, dass Hunde solche ›Störfelder‹ meiden. Darüber hinaus jede Menge Erfolgsmeldungen. Eigenartigerweise hört man wenig von geschichtlichen Zeugnissen. Dabei ist die Rutengängerei uralt. Der Höhepunkt in Deutschland lag im 15. und 16. Jahrhundert, wo kein Bergmann, Brunnensucher oder Schatzgräber ohne Rute unterwegs war. Das bekannteste Lehrbuch stammt von einem Alchemisten mit Namen Basilius Valentinus, ebenfalls aus der Zeit der Renaissance. 1630 machte ein französischer Adliger Furore mit Geräten aus Erlensträuchern, womit er die bisherigen Haselruten ablöste. Noch spektakulärer der französische Bauer Jacques Aymar, der mit seinem Zauberwerkzeug angeblich Mörder und Diebe enttarnte. Oder eine Dame mit Namen Ollivet aus Grenoble, die echte von unechten Reliquien unterschied. Als Luigi Galvani im 18. Jahrhundert auch noch die animalische Elektrizität an zuckenden Froschschenkeln entdeckte, gab es kein Halten mehr: Überall wurde mit den Ruten nach Verborgenem gefahndet, u. a. nach ehelicher Untreue. So gesehen war es eher eine Erlösung, als man sich im 20. Jahrhundert wieder auf Wasser- und Erzadern konzentrierte, wenn da nicht die krank machenden Erdstrahlen wären, die in der New-Age-Szene mit dem (wie es jetzt hieß) Biotensor entdeckt werden.

Was wohl viele Wünschelrutengläubige nicht wissen, ist die Tatsache, dass sich der ominöse Rutenausschlag physikalisch bestens erklären lässt: Es handelt sich um idiometrische Triggerung eines instabilen Kohnstamm-Effektes. Oder etwas landläufiger formuliert: um ganz normale Bewegungsschwankungen entspannter Muskelteile, die jedes Stäbchen zum Ausschlagen bringen. Hasel, der vom Blitz verschont wird, ist genauso wenig nötig wie ein Schnitt der Rute in der Christ- oder Walpurgisnacht. Langes Suchen nach Wasser erübrigt sich wenigstens in Deutschland ebenfalls, weil es kaum einen Ort gibt, unter dem nicht Grundwasser fließt. Allerdings gibt es wenige ›technische‹ Geräte, die so preiswert herzustellen sind und dabei so viel Geld einbringen. Eine Bettplatzuntersuchung wird im Internet für 50 bis 150 Euro angeboten.

Farben mit Bedeutung

Wenn im Herbst die Kollektionen der großen Mode-schöpfer für die nächste Sommersaison vorgestellt werden, spielt immer auch die Farbe eine Rolle. Bei den Herren wundert man sich schon, wenn es bunt wird. Bei den Damen lautet die einzige Frage: *welche* Farbe? Wir leben eben im Zeitalter der Mode, des Wandels.

In früheren Zeiten hatten die Farben dagegen ihre festen ›Bedeutungen‹. Sie signalisierten Status, Rang, sogar Befindlichkeiten. Bereits die Ägypter hatten im Kult ›heilige‹ Farben. Weiß signalisierte die Oberwelt, die Freude, schwarz die Unterwelt, die Trauer um die Toten. Grün, Hellrot und Dunkelrot strahlten Würde aus, Gelb stand für alles Sündhafte. Bei den Juden sind die Kultgewänder weiß für Reinheit, dunkelblau für Göttlichkeit, hochrot für das Sühneopfer, purpur für königliche Majestät. Bei den Christen gibt es zunächst vier Hauptfarben: weiß als Farbe des Glücks und der Verklärung, das Rot der opferbereiten Liebe, das Grün der Hoffnung, das Schwarz der Trauer. Später kam noch das Violett, der Asche gleich, als Farbe der Buße hinzu. Im weltlichen Bereich war es ganz ähnlich: Rot, Grün und Schwarz zeigten Liebe, Hoffnung und Trauer an. Nur das Gelb spielte eine eigene Rolle, be-zeichnete den Neid und diente als Schandfarbe. Die Huren und die Juden mussten irgendetwas Gelbes an sich tragen.

Diese Farbensymbolik durchdrang alle Lebensberei-che, auch wenn gelegentlich die Praxis entschied, so dass wir nie schwarze Bäcker oder weiße Schornsteinfeger hatten. Politische Farben sind schon in Byzanz belegt: mit den Blauen und den Grünen zum Beispiel im 6. Jahrhundert. Seit 1792, nach der Befreiung der Galeerensklaven durch die Jakobiner, trugen die Revolutionäre Rot. Nicht vergessen sei noch das farbliche Signalsystem der Liebe, wie es spätestens im 14. Jahrhundert belegt ist. Grün als Freiheit von der Minne, blau als Treueversprechen und so fort.

All dies wäre kaum möglich, wenn die Farben nicht magisch besetzt gewesen wären. Immer wieder treffen wir besonders gefärbte Tiere, die Widrigkeiten aller Arten abwehren wie etwa die begehrte dreifarbige Katze. Überhaupt ist Buntheit gefragt. Daher der bunte Ochse als Bußleistung, die bunte Kuh, die im Frühjahr als Erste auf die Weide getrieben wird – in der Hoffnung auf ein gutes Jahr. Milch von einer dreifarbigen Kuh verwendete man als Heilmittel gegen Vergiftung. Einfarbige Tiere hatten nur in Spezialfällen ihre Chance, ein gelber Vogel z. B. gegen Gelbsucht. Auch das Weiß spielt eine besondere Rolle. Im Heilzauber wurde es gegen Augenkrankheiten eingesetzt. Weiter aß man weiße Windröschen, um kein Fieber zu bekommen. Wer von einer weißen Schlange kostete, sollte gar alle Sprachen sprechen und selbst die Stimmen der Vögel verstehen. Rote Tiere bewahrten vor Blitzschlag und schützten auch sonst das Haus. Der Storch durfte deshalb so manchen Kamin verstopfen.

Die magischen Farben sind nicht nur alt, sondern auch weltweit verbreitet. Bei vielen afrikanischen Völkern ist die weiße Farbe von besonderer Bedeutung: Die Magier haben keine Macht über Weißes. Dass die Reichen auch noch immer Glück hatten!

Barfuß durch die Hölle

Die Hexe Medea bei Ovid zaubert mit nackten Füßen. In der Antike stand man am Grabe vielfach ohne Schuhe. Als Parzival vom Anblick einer büßenden Ritterfamilie gerührt wird, macht er unter anderem die Beobachtung: »Sie gingen alle barfuß«. Dem Gründer des Prämonstratenserordens, Norbert von Xanten, musste der Papst etwas Seltsames verbieten: auch im Winter ohne Schuhe zu laufen. Und dann der einst auch bei uns erfolgreiche japanische Anti-Kriegsfilm *Barfuß durch die Hölle*.

Nichts gegen Filme, auch nichts gegen Filmtitel! Aber hier wird ein altes Erbstück unserer Kultur arg versimpelt. Jeder stellt sich die Hölle heiß vor. Dort barfuß zu gehen, deutet auf Mut oder schlimmes Schicksal oder beides. Nur nicht auf all das, was früher mit Barfüßigkeit verbunden war und jeder in diesem Sinne ›entzifferte‹. Die nackten Füße hatten etwas zu tun mit Demut, so wie im *Parzival* oder bei Norbert von Xanten. Bei den Zaubereien und am Grab spielt die Verbindung zur Erde eine Rolle: Hiervon stammen besondere Kräfte, hiermit ist jeder verbunden. Deshalb die *unmittelbare* Berührung, die von den Schuhen behindert würde.

Man findet es in vielfältiger Form, und zwar bei den Juden, den alten Römern und im Christentum. Im Tempel werden Opferhandlungen barfüßig ausgeführt. Pythagoreische Riten schrieben es ebenfalls vor, die Christen praktizierten es besonders bei Prozessionen. Nicht gerade in tropischen Regionen, wo Schuhe ohnehin eher unnötig sind. Aber auch in fernöstlichen

Heiligtümern werden die Schuhe wohl nicht nur ausgezogen, um die Reinigungskosten niedrig zu halten. Überall ist Barfüßigkeit mit Riten oder Magie verbunden. Barfüßigkeit macht besonders aufnahmefähig, besonders rein, befreit von allem Irdischen. Dazu passt auch die seltsame Vorschrift bei Hexenprozessen, dass die Beschuldigten bei ihrer Verhaftung sofort von der Erde aufzuheben waren. Sie sollten buchstäblich von ihrer Kraftquelle abgeschnitten werden.

Man kann noch einen Schritt weiter gehen. Die Barfüßigkeit ist letztlich nur der Rest einer noch intensiveren Form magischer Kraft. Barfüßigkeit ist stellvertretende Nacktheit und Nacktheit begegnet uns noch viel häufiger als (bloße) Barfüßigkeit, wenn es um Kult und Zauber geht. Mit den Kleidern legt man die Sünden bzw. den alten Menschen ab, besonders in der Taufe, zu der die frühen Christen nackt (was immer bedeutet: notdürftig bekleidet) ins Becken stiegen. In vielen Formen des Heilzaubers muss man irgendwelche Handlungen eben nackt (oder tätowiert) vollziehen. Regenzauber wurde auch in unserer Kultur nackt ausgeführt. Und Fruchtbarkeitszauber sowieso: zum Beispiel beim Umschreiten von Feldern. Auch Schatzsuchen oder die Prozeduren, die man anstellte, um die Glücksnummern in der Lotterie zu erfahren, fanden nackt statt.

Nackt, barfüßig – man versteht, was einmal davon ausging, bevor die Riten ausstarben und sich die Magie in Winkel zurückzog. Man kann nun ›barfuß‹ als tapfer deuten. Wie lange aber wird man noch wissen, dass es in der Hölle heiß ist?

Belegte Plätze

Irgendwann hat sich schon jeder darüber geärgert. Man kommt zeitig in eine Veranstaltung und die besten Plätze sind belegt. Nicht mit menschlichen Hinterteilen, sondern mit Kleidungsstücken oder sonstigen Utensilien – sozusagen stellvertretend. Besonders schlimm ist es an sommerlichen Swimmingpools. In der Mittagshitze flirrt die Sonne überm völlig ausgestorbenen Rund. Und kein Liegestuhl ist frei. Es wäre ein Leichtes, die Handtücher, Schwimmhosen oder Sonnenölflaschen wegzunehmen und fein säuberlich irgendwo in der Nähe zu deponieren. Aber nein! Ein Zauber bindet jede Gegenwehr. Selbst auf Magieungläubige wirkt er. In Gedanken ist die Hand ausgestreckt. Man träumt von Zerreißen, Zerquetschen, Wegwerfen. Und geht dann wütend seines Weges.

In der Literatur ist wenig über das Phänomen zu finden. Platon macht einige Andeutungen: nicht in einem seiner anstrengenden Dialoge, sondern im berüchtigten Siebenten Brief, der auch sonst allerlei Esoterisches enthält. Der Brauch könnte aus der Feier der Dionysien in Eleusis stammen. Jeder wollte dort in der ersten Reihe sitzen, um die nackt tanzenden Mädchen besser zu sehen. Aristoteles macht wie üblich seine abfälligen Bemerkungen. Viel mehr ist aus der Antike nicht zu erfahren. Die Stoiker, die die damaligen Sitten am stärksten prägten, drängten bekanntlich auf Affektbeherrschung. Sie setzten sich schon deshalb nicht in die erste Reihe, weil sie demonstrieren wollten, dass ihnen in dieser Welt ohnehin alles egal war.

Aber der Zwang! Irgendwoher muss doch dieser Zwang stammen. Man schaut bei den Christen nach und findet wieder nichts. In den ersten Gotteshäusern gab es keine Stühle. Vielmehr wanderte man die meiste Zeit prozessionsförmig zum Altar, zu den Reliquien, zum Prediger. Selbst Konstantin der Große hat niemals gesessen, immer nur gestanden. Stehplätze aber kann man schlecht belegen. Als die Protestanten in der Anfangszeit der Reformation die Sitzbänke schufen, weil sonst keiner die stundenlangen Predigten ausgehalten hätte, erkannten sie offenbar das Problem und lösten es. Die Plätze wurden verkauft. Man brauchte genauso Geld wie die Katholiken, konnte aber unmöglich auf Ablässe zurückgreifen.

Im Untergrund der Geschichte ging derweil der Zauber weiter. Hin und wieder hört man davon. Bei Rousseau zum Beispiel, der sich in Genf strikt gegen das Theaterspiel aussprach. Man hat immer gedacht: weil dieses die Schauspieler hochmütig mache. Aber es scheint auch darum zu gehen, dass kein Ärger aufgrund des magischen Platzbelegens entstehe. Die Romantiker setzten sich lieber auf Wiesen, wo das Problem so wenig auftaucht wie beim Stehen der frühen Christen. Kein Wunder, dass nach gut zweitausend Jahren abendländischer Geschichte heute alles ungelöst ist. Der Urlauber macht weiter wie der Besucher bei den eleusinischen Dionysien. Und wenn sich alle nur geirrt hätten? Wenn es gar keinen Zauber gibt und man die herumliegenden Sachen einfach ignorieren kann? Wer es als Erster herausfände, bräuchte sich künftig nirgendwo mehr zu beeilen. Belegte Plätze? Ach was – nur fauler Zauber!

Der sechste Sinn

Fünf Sinne hat der Mensch und ihre Reihenfolge war nicht unumstritten. Platon legte viel Wert auf den Vorrang des Sehens. Er glaubte, nur dank unserer Wahrnehmung der Ordnung am Himmel könnten wir in der Welt des Werdens und Vergehens auf Beständigkeit bauen. Und zum Beispiel Philosophen werden. Man hat ihm entgegengehalten, das Hören sei der ›tiefere‹ Sinn, weil wir nur Töne in uns ›eindringen‹ lassen. Interessant, aber leicht zu überbieten. Statt sich über die Reihenfolge der Sinne zu zanken, erscheint es viel ergiebiger, ihre Zahl zu erhöhen. Was aber ist der sechste Sinn?

In esoterischen Definitionen findet man, der sechste Sinn sei die volkstümliche Bezeichnung für ASW, für außersinnliche Wahrnehmung. Forscht man weiter, so erfährt man, dass diese außersinnliche Wahrnehmung nun doch sinnlich funktioniert: es handelt sich um Sehen und Hören, nur auf ›höherer‹ Ebene. Hellsehen gehört dazu, eine merkwürdige Bezeichnung, weil Dunkelsehen schwer funktioniert. Gemeint ist Sehen von etwas, was man nicht sehen kann. Eigentlich würde der Ausdruck ›Ahnen‹ genügen, wenn der nicht so harmlos klänge. Auch das In-die-Zukunft-Sehen gilt als Hellsehen.

In der Tradition gibt es jedoch noch mehr, bei Agrippa von Nettesheim zum Beispiel. Wo dieser große Kenner der Materie sich mit Vorahnungen beschäftigt, nennt er als Beispiel die Rebhuhnküken, die sofort erkennen, wer ihre rechte Mutter ist. Der Arme wusste nicht, dass dies nichts mit dem sechsten, sondern dem ersten Sinn zu tun hat. Die Küken laufen auch hinter jedem anderen her, den sie *zuerst* erblicken. Agrippa baut nun gerade darauf viele andere Erscheinungen des sechsten Sinnes. So soll man nach demselben ›Naturgefühl‹, das wir heute eher Instinkt nennen, Einbrecher im Hause ausmachen können.

Man hat es immer besonders auf Todesahnungen bezogen. Dafür gibt es berühmte Beispiele wie etwa den französischen König Heinrich IV., der 1610 erstens nach Vorahnung und zweitens mittels Dolch ermordet wurde. Nur sind diese Ahnungen eben auch wieder auf den ersten oder zweiten Sinn bezogen, weil es sich letztlich um das Wahrnehmen von Vorzeichen handelt. Es gibt die Todesvögel, die ums Haus fliegen oder sich auf dem Fensterbrett niederlassen: den Kuckuck und die Krähe etwa, allen voran aber die Eule bzw. den Kauz. Sein Ruf hat ihm den Ruf gebracht: das »Komm mit!«, bei dem man freilich viel Phantasie haben muss. Auch das superleise Klopfen des Holzwurms ist als ›Totenuhr‹ unter die Todesahnungen geraten. Weiter kommen herabfallende Gegenstände, besonders Bilder, in Frage, wie jeder Kenner des *Freischütz* weiß. Zerspringen von Gläsern, Knacken von Möbeln, Träume von schwarzen Kirschen, Läuten im Ohr – die Liste ist lang.

Und doch sind nicht einmal alle Aspekte erfasst, die zum sechsten Sinn gehören. Auch das ›Sehen‹ von Geistern und allem Spukhaften gehört nämlich noch dazu, das Spökenkieken. Dies ist nun eine wirklich ›höhere‹ Form des ersten Sinnes, wenn man weiß, wie man sie erlernt: indem man durch die Augenlöcher eines Totenschädels blickt und damit das Sehvermögen der Toten erwirbt. Na, dann los!

Spieglein, Spieglein an der Wand

Manches können wir uns heute einfach nicht mehr vorstellen. Zum Beispiel die Angst vor Spiegeln. Dabei findet sie sich in allen alten Kulturen. Die Kelten und Germanen erstarrten sogar in Ehrfurcht vor dem einzigen Spiegel, den sie kannten: dem Wasserspiegel. Zwar war der Glasspiegel mit Zinnunterlage längst erfunden und die römischen Damen besaßen jede Menge davon. Aber im Mittelalter kommt er erst spät auf, nachdem zuvor der Metallspiegel seine Dienste tun musste. Irgendwie witzig, dass man nicht nur flache findet, sondern auch konkave. Sollten unsere Vorfahren eitel gewesen sein und sich dünner gemacht haben, als sie waren?

Schwer nachvollziehbar, wenn man liest, welchen Respekt sie sonst vor diesem Zauberding besaßen. Denn anders als zauberisch konnten sie es kaum verstehen, dass der Spiegel alle Dinge seitenverkehrt zeigt, dass man darin sehen kann, was im Rücken geschieht, dass er uns verdoppelt wie Schatten. Entsprechend die Verwendung. Natürlich konnte man sich im Spiegel auch betrachten. Aber was ist ein neugieriger Blick auf das Outfit gegen die Nutzung des Zaubers für Höheres?

So wird der Spiegel zum Welt- oder Sichtspiegel, der einen sehen lässt, was weit weg vor sich geht – das reine Fernsehen, ohne Strippen oder Antenne und vor allem ohne Gebühren. Nicht nur weit, sondern auch tief lässt sich damit blicken. Tief in die Erde, wo edle Metalle aufzuspüren sind oder vergrabene Schätze. Weiter dient der Spiegel zur Befragung der Zukunft, zum Beispiel im Falle einer schweren Krankheit oder einer gefährlichen Reise. Eine Spezialität ist weiter das Erblicken von Verlorengegangenem, worüber häufig Prozesse geführt wurden, wenn gut bezahlte Spezialisten am Ende doch nichts zustande brachten.

Um die Wirkung zu steigern, gab es allerlei Möglichkeiten. Man vergrub den Spiegel für eine Weile unterm Galgen oder wenigstens auf dem Friedhof. Nicht schlecht auch, einen Spiegel zauberisch zu machen, indem man ihn einem Toten aufs Gesicht legte. War er einmal da, musste man den rechten Umgang mit ihm lernen. So bedeutete es größtes Unglück, wenn der Spiegel plötzlich das Bild verweigerte. Von den Slaven wird berichtet, dass sie es schon als katastrophal betrachteten, wenn man sich in den Fettaugen des Weihnachtsessens nicht sah. In der Schweiz soll derjenige alsbald sterben, der in einem wassergefüllten Becken seinen Körper ohne Kopf erblickte. Darüber kann man sich auch heute noch ziemlich erschrecken.

Natürlich ist dies alles nichts gegen jenen redenden Spiegel, den man aus dem Märchen *Schneewittchen und die sieben Zwerge* kennt. Der weiß halt, dass die Königin *nicht* die Schönste ist. Gemein eigentlich, wenn man nicht bedenken müsste, dass dies den Normalmenschen doch jeder Spiegel ebenfalls sagt. Nur reden unsere Spiegel nicht dabei. Aber zeigen tun sie es auch so in aller Deutlichkeit.

Sternschnuppen und Kometen

Bringen wir zunächst etwas Ordnung in die Dinge. Sternschnuppen und Kometen wurden früher als ›meteorologische‹, also nicht als Himmels-, sondern als atmosphärische Erscheinungen angesehen. Meteorologisch bedeutet wörtlich ›in der Schwebe‹ befindlich und meint: unterhalb der ersten ›Planetenbahn‹, unterhalb des Mondes. Dort gibt es die ›Ausdünstungen‹ der Erde, in denen sich etwas ›entzünden‹ und dann wie ein Stern leuchten kann. Moderne Astronomen lehren uns etwas anderes.

Sie unterscheiden drei Erscheinungen. *Kometen* sind kleine Planeten in unserem Sonnensystem, die besonders flache elliptische Bahnen haben, also nach langen Zeiträumen wiederkehren. Die *Meteore* schwirren dicht an uns vorbei oder fallen uns direkt auf den Kopf, dringen also in die Atmosphäre ein. Falls sie dabei verglühen, sind es *Sternschnuppen*. Etwas ganz anderes sind ›neue‹ Sterne am Himmel, die *Supernovae*. Es sind sterbende Riesensonnen, die im Sterben noch einmal für Monate hell aufleuchten, um dann für immer zu verschwinden.

Alle großen Ereignisse der Weltgeschichte wurden mehr oder weniger gewaltsam mit dieser Art von Naturereignissen in Verbindung gebracht. Der Stern von Bethlehem könnte eine Supernova gewesen sein. Andere tippen auf einen Kometen, zum Beispiel den berühmten durch Halley bestimmten. Und weil Kometen viel häufiger vorkommen als Supernovae, haben sie auch viel häufiger Ängste ausgelöst. Kaiser Karl V. gab nach einer solchen Erscheinung seinen Thron auf und ging ins Kloster. Napoleon glaubte an seinen nahen Tod. Der Weltuntergang wurde erwartet, Krieg und Seuchen, Hunger und Teuerung – manchmal auch ›nur‹ Raupenfraß oder die Vertreibung der Heringe.

Fast noch schlimmer, wenn Meteore einschlugen. So, wie 1492 im elsässischen Ensisheim. Sofort erschienen dunkle Prophezeiungen auf Flugblättern. Sehr selten demgegenüber eine positive Deutung. Nur die nicht einschlagenden Sternschnuppen brachten eigentlich immer Glück. Bei ihnen durfte man sich etwas wünschen. Noch heute wird dies wenigstens im Scherz praktiziert. Schön, wenn die Frühlingsnächte nahen, in denen sich minütlich die Lichtspuren aus den Plejaden zeigen. Höchst eigenartig die Ausnahme in der Deutung der gefürchteten Kometen: Kometenjahre waren regelmäßig gute, ja berühmte Weinjahre. Zwischen 1811 und 1911 sind insgesamt sechs Fälle bekannt.

Fragt sich schließlich, wie heute Kometen und Meteore angesehen werden. Die Antwort fällt merkwürdig aus. Klar, dass es immer noch Ängste im alten Sinne gibt: Ängste vor göttlicher Warnung. Viel interessanter aber sind völlig neue Ängste. Wir wissen, dass die Erde *wirklich* bedroht ist. Das Aussterben der Dinosaurier vor 65 Millionen Jahren verdankt sich einem Brocken aus dem Weltall, von dessen Art zwischen 100 000 und 1 Million die Erdbahn kreuzen. 1989 hat uns einer davon um sechs Stunden verpasst. 1994 wurde ein Einschlag auf dem Jupiter beobachtet, der unserer Erde den Garaus gemacht hätte. Manchmal ist die Realität eben grausamer als der schlimmste Aberglaube.

Astrologie

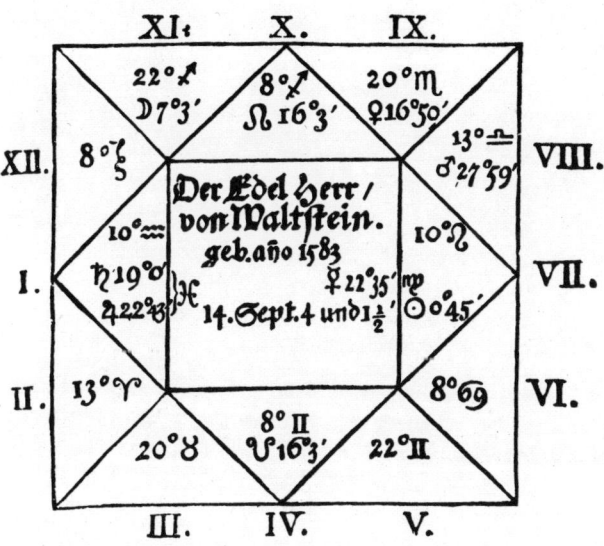

Unterm Saturn geboren

Es wird wohl keinen erwachsenen Menschen im westlichen Kulturkreis geben, der nicht sein Sternzeichen kennt. Jeder dürfte auch schon einmal sein Horoskop gelesen haben. Bemerkenswert nur, dass diese westliche Kultur eigentlich alles aufgegeben hat, was die Astrologie einmal interessant machte. Auch die Esoterik also ist nicht mehr, was sie einmal war.

Als Goethe in *Dichtung und Wahrheit* sein Horoskop schilderte, nennt er zwar als Erstes sein Sternbild: »Die Sonne stand im Zeichen der Jungfrau.« Anschließend behandelt er aber viel ausführlicher die Planeten: »Jupiter und Venus blickten sich freundlich an, Merkur nicht widerwärtig; Saturn und Mars verhielten sich gleichgültig: nur der Mond, der soeben voll ward, übte die Kraft seines Gegenscheins um so mehr, als zugleich seine Planetenstunde eingetreten war. Er widersetzte sich daher meiner Geburt, die nicht eher erfolgen konnte, als bis diese Stunde vorübergegangen.« Ihm war noch bewusst, dass das Bild des Himmels, das die Seele im Augenblick der Geburt prägt, ein je besonderes Bild sein muss. Dies bringen nur die Planeten mit ihren stets wechselnden Stellungen innerhalb der Sternbilder zustande. Welche sind gerade sichtbar und welche Figuren bilden sie – widrige wie die Opposition oder günstige wie das Dreieck? Napoleon war stolz auf die Venus in seinem Horoskop: ein Liebling der Frauen. Natürlich hat auch Goethe damit kokettiert.

Was ist demgegenüber schon ein »Wassermann«, ein »Löwe«? All dies bedeutet ja nur, dass bei der Geburt die Sonne in diesem Sternbild stand – einen ganzen

Monat lang für alle während dieser Zeit Geborenen. Nichts also von der *Stunde* der Geburt, nichts von der *Einmaligkeit* des Himmelsschauspiels, das einzig den Glauben an die Macht der Sterne rechtfertigt. Wassermänner sind schlicht Wintergeborene, Löwen Sommerleute – wie uncharakteristisch, wie langweilig! Wie nahe liegend ganz nebenbei auch die Erklärung für Unterschiede des Charakters völlig jenseits der Sterne. Wer als Baby sofort einen schönen Sommer erlebt, muss schließlich anders gedeihen als jemand, der seine ersten Ausflüge ins Freie unter Wolldecken verpackt antritt.

Wie aufregend dagegen etwa diejenigen, denen Saturn in der Geburtsstunde aufgegangen ist! Saturn ist der am weitesten entfernte Planet, deshalb der trockenste. Er macht seine Jünger entsprechend ›trocken‹, melancholisch. Aber das sind gerade die zur geistigen Arbeit Berufenen: Philosophen, Wissenschaftler, Dichter – eben alle Sorten von Intellektuellen. Sie müssen sich freilich vorsehen. Die geistige Tätigkeit entzieht dem ohnehin trockenen Gehirn zusätzlich Feuchtigkeit, lässt die Speisen unvollkommen ›gekocht‹ werden, was die Verdauung erschwert. Spaziergänge an der Sonne sind anzuraten. Bei der Nahrung sollen Saturnmenschen auf frische Kräuter achten, ihre Wohnung angenehm einrichten: mit schönen Möbeln, nicht zuletzt in anregenden Farben. Und wie gut auch, wenn während der Geburt der ›jovial‹ machende Jupiter nicht zu fern und unfreundlich gestanden hat. Und erst die Venus …

Fahrlässige Tötung per Horoskop?

Horoskope dienen der Zukunftsschau – eine Binsenwahrheit. Wie aber, wenn eine Vorhersage deshalb eintrifft, weil jemand ihr entsprechend sein Leben *einrichtet*? Ein berühmtes Beispiel dafür könnte Wallenstein gewesen sein, dem Kepler 1608 das Horoskop stellte.

Kepler war damals seit sechs Jahren Hofastronom bei Rudolph II. in Prag. Der incognito eingereichte Auftrag kam nicht unwillkommen, weil der Kaiser schlecht bezahlte. Freilich lehnte Kepler die klassische Horoskopie ab. So formuliert er denn seine Warnungen, bietet schließlich jedoch höchst Konkretes. Am 14. September, 1.30 Uhr, war im Osten der Wassermann aufgegangen und in ihm in Konjunktion, also direkt beieinander, zwei der großen Planeten: Saturn und Jupiter. Eine ausgesprochen dramatische Geburtsstunde. Sie deute auf ein »Streben nach zeitlichen Dignitäten und Macht, dadurch er sich viel großer schädlicher, öffentlicher und heimlicher Feind machen, aber denselben meistenteils obliegen und obsiegen« werde. Die große Elisabeth von England hätte ein ganz ähnliches Horoskop gehabt. Auf jeden Fall sei eine »stattliche Heirat« zu erwarten. Merkur in Opposition zu Jupiter deute auf »einen besonderen Aberglauben«, mit dessen Hilfe er viel Volk anziehen, ja einmal zu dessen »Haupt- und Rädelsführer« aufsteigen werde. Weitere Einzelheiten folgten.

Wallenstein bewahrte das Horoskop auf und wartete. Dann trat ein Ereignis nach dem andern ein. Meist zeitlich verschoben, in der Tendenz aber durchaus richtig. Vor allem eines hatte ihn zutiefst beeindruckt, wie die Randnotizen beweisen: seine Heirat. Sie erfolgte zwar später als vorhergesagt, war aber wirklich reich. So reich, dass er eine Armee aufstellen konnte, die seine große Karriere während des Dreißigjährigen Krieges in Gang brachte. Bis er zu jener Gefahr für den Kaiser selbst wurde, die 1634 zum Attentat in Eger führte. Dies hatte *nicht* im Horoskop gestanden, im Gegenteil. Keplers Angaben beziehen noch das 67. Lebensjahr seines Probanden ein, als dieser in Wirklichkeit schon seit 17 Jahren tot war. Aber weshalb tot?

Keine Frage, dass Wallenstein in seinem Leben eine Entscheidung fällte, die wie keine andere seine Zukunft bestimmte. Statt als reicher Mann sorglos auf dem Lande zu leben, zog er in den Krieg. Es spricht viel für die Vermutung, dass er dies tat im Vertrauen auf sein Horoskop. Er hat sich sehr damit beschäftigt, es mit leicht geänderter Geburtsstunde im Jahre 1625 noch einmal von Kepler ›überarbeiten‹ lassen, womit insbesondere die reiche Heirat besser ›passte‹. Wieder verglich Wallenstein die Prognosen mit den Fakten und wieder waren die Übereinstimmungen mehr als zufriedenstellend. Kepler wurde als ›Mathematicus‹ eingestellt und damit zum ersten Mal in seinem Leben wirklich bezahlt.

Trifft ihn mit seinen Horoskopen aber auch eine Schuld? Hat er Wallenstein fahrlässig in den Tod getrieben? Ein Prozess fand schon deshalb nicht statt, weil Kepler 1634 seit vier Jahren selbst nicht mehr lebte. Ein Prozess hätte jedoch damals so wenig geholfen, wie es heute bei Nachahmern der Fall wäre. Aussagen in Horoskopen sind eben Aussagen ›höherer‹ Art.

Zwillingsforschung

Ein wichtiges Spezialgebiet der Humangenetik ist die Zwillingsforschung. In jedem Lexikon wird sie auf Francis Galton zurückgeführt, der 1876 mit ihrer Hilfe das Faktum der Vererbung gegenüber bloßen Umwelteinflüssen nachwies. Aber die Idee als solche ist viel älter. Schon in der Antike spielt sie im Für und Wider des Horoskopierens eine Rolle.

Bekannt ist jedenfalls das Experiment des Nigidius, das sich an Magieungläubige richtet. Der Zeitgenosse und sogar Freund von Cicero setzte eine Töpferscheibe mit etwas weichem Lehm in Bewegung, tippte kurz hintereinander mit dem Finger darauf, wonach sich zwei Punkte abzeichneten, die weit auseinander lagen. So sei es auch mit dem Himmelsgewölbe, das sich bei seiner rasenden Umdrehung von einem Augenblick zum anderen ändere. Selbst Zwillinge würden also nicht unter dem *gleichen* Himmel geboren. Ihr verschiedenes Schicksal könne demnach das Horoskopieren nicht widerlegen.

Als Augustinus sich kritisch mit der Astrologie auseinander setzte, ging er breit auf dieses Experiment ein. Für ihn sind die Zwillinge genau umgekehrt die wandelnden Einsprüche gegen jedes Horoskop. Dass einige von ihnen gleiches Schicksal haben, setzt er auf das Konto des gemeinsamen Elternhauses: gleiche Erziehung, gleiches Essen, gleiche Umwelt und so fort. Aber es gibt eben genauso ungleiches Schicksal. Dazu zitiert der Kirchenvater ein alttestamentliches Paradebeispiel: Jakob und Esau. Der eine von glatter Haut, der andere von oben bis unten behaart, der eine von seiner Mutter geliebt, der andere vom Vater – dies alles darin mündend, dass Jakob Esau das Erstgeburtsrecht abkauft mit allen dramatischen Konsequenzen. Und dabei erfolgte ihre Geburt so direkt hintereinander, dass Jakob den Namen davon bekam: er bedeutet so viel wie ›der die Ferse hielt‹.

Als sei eine Haarspalterei die andere wert, greift Augustinus noch weit aus auf seine Kenntnisse in der Logik – und im Bett. Wie könne eigentlich die Geburt zu getrennten Horoskopen führen, wo diese auf den gleichen Geschlechtsakt zurückgehe? Und wenn sich das Horoskop wirklich ändere: Müssten dann die Zwillinge nicht verschiedene Eltern haben? Oder gebe es bei der Empfängnis noch kein Schicksal, sondern werde dieses erst bei der Geburt wirksam? Augustinus ließ nichts unversucht, nachdem er in seiner Jugend quasi experimentell herausfand, dass die genau im gleichen Moment geborenen Kinder eines Vornehmen und von dessen Sklaven ein ganz und gar anderes Schicksal hatten.

Uns interessiert an diesem Streit etwas anderes. Der Lexikoneintrag ist falsch, die Zwillingsforschung beginnt nicht mit Galton. Die moderne Wissenschaft hat mindestens ihr Vorspiel im Streit um die Magie. Ob Galton dies wusste?

Wetterbericht

Wenn ein alter Ägypter aus der Pharaonenzeit in unsere Welt zurückkehrte und in den Abendnachrichten den Wetterbericht für den nächsten Tag hörte, würde er den Kopf schütteln. Er war Jahresprognosen gewöhnt, Vorhersagen von Dürre oder Regen als Voraussetzung schlechter oder guter Ernten. Auch bei Ptolemäus findet man meteorologische Angaben zu allen Konstellationen am Himmel, zum Beispiel etwas über den gewitterschwangeren und hagelreichen Widder. Die römischen Kleiderhändler erwarteten jedes Jahr voller Spannung den Aufgang der Plejaden. Herrschte Nebel, schlossen sie auf einen regenreichen Winter und erhöhten die Preise auf warme Sachen.

Noch im frühneuzeitlichen Europa dasselbe Bild. Der erste Donner nach dem Aufgang des Sternbilds der Jungfrau bringe viel Regen, aber gute Früchte. Die zwölf Tage nach Weihnachten zeigten das Wetter der folgenden zwölf Monate an. Als aufgrund einer Versammlung sämtlicher großer Planeten im Sternbild der Fische für 1524 eine Sintflut vorausgesagt wurde, brach in ganz Europa Hysterie aus. Kaiser Karl V. ließ seine Truppen auf Berge verlegen. Anschließend trat Dürre ein. Aber man zweifelte am Prinzip so wenig, wie man sich zuvor von Fehlschlägen hatte entmutigen lassen.

Johannes Kepler, der große Astronom, wollte endgültig den Durchbruch erzielen. Er sammelte Berichte der Vergangenheit und machte sich täglich eigene Notizen über das Wetter und die Sterne am Himmel. Wie in der Musik bestimmte akustische Proportionen zu

Harmonien führen und andere nicht, so vermutete er Wirkungen, die von den optischen Proportionen ausgingen: also von den Aspekten der Konjunktion (Zusammenfall), der Opposition (Gegenüberstellung), der Quadratur (Viereckstellung), des Trigon (Dreieckstellung). Die »himmlische Wirkung« beruhe auf der Empfänglichkeit der Seele für diese Proportionen – einer Seele, »welche anfängt zu tanzen, wenn ihr die Aspekte pfeifen«, wie es in unübertrefflicher Anschaulichkeit einmal heißt.

Darauf gründete er seine Jahresprognostiken, siebzehn insgesamt. So sollte einmal der Winter kalt und schneereich werden, weil Saturn und Jupiter in Quadratur stünden – eine »grundböse Constellation«. Mitten im April wiederhole sich dies und werde ebenfalls für schlechtes Wetter sorgen. Im Mai gebe es eine Opposition von Saturn und Mars, Ende Juni eine Konjunktion von Venus und Merkur mit noch viel schrecklicherem Wetter als Folge. Als Belege dienten Kepler die Winter 1552 und 1597 mit ähnlichen Konstellationen. Wohl mancher Bauer richtete sich darauf ein, aber auch in diesem Fall kam alles anders. Kepler entschuldigte sich dafür in der nächsten Prognostik weitschweifig.

Wetterberichte wurden weiter angefertigt und waren weiter meistens falsch. Moderne Computer haben hier einiges geändert. Für längere Vorhersagen aber sind wir keinen Schritt weiter als die alten Ägypter. Nur haben wir resigniert und können uns dies leisten: die Nahrungsmittel kommen eh aus dem Supermarkt.

Eine Nonne über den Zeugungsakt

Buchtitel sind ein Problem, aber es gibt Autoren, die dafür ein bemerkenswertes Talent besitzen – zum Beispiel Hildegard von Bingen. *Scivias*, »Wisse die Wege«, heißt ihre dreibändige Glaubenslehre, ihre berühmte medizinische Schrift: *Causae et curae*, »Ursachen und Behandlungsweisen (von Krankheiten)« – Hut ab! Vertieft man sich einmal wirklich in den Inhalt des letzten Werkes, wird manch einer jedoch den Hut rasch wieder aufsetzen. Die Benediktinerin vom Rupertsberg bei Bingen, die vor mehr als 800 Jahren im Briefkontakt mit allen Großen ihrer Zeit stand, hat bei ihren Visionen auch einiges aus der Tradition beigemischt. Darunter handfesten Aberglauben wie bei den astrologischen Ausführungen, fast am Ende des Werkes.

Die heilige Hildegard vertritt dort eine Lehre, die lange Zeit in Konkurrenz zum ›normalen‹ Horoskopieren gestanden hat. Wir verstehen unter Horoskop heute das Geburtshoroskop, die Deutung der Sterne, die zur Zeit der Geburt am Himmel standen. Es gab aber auch das Empfängnishoroskop, die Deutung der Sterne also während der Empfängnis des betreffenden Menschenkindes. In babylonischer Zeit scheint es noch dominant gewesen zu sein. Ptolemäus lehnt es ab, weil der Moment der Zeugung zu ungenau zu bestimmen sei. Im Mittelalter taucht es gelegentlich noch auf. In der Neuzeit verschwindet es dann mehr oder weniger. Bei Hildegard von Bingen ist es wie selbstverständlich *das* Horoskop.

Dabei könnte schon die Überschrift manch einen Leser verblüffen: »Einiges über die Empfängnis«, lautet sie. Wir finden dann, dass diejenigen, die empfangen werden, wenn der Mond viel Regen mit sich bringt, später gerne ertrinken. Scheint der Mond dagegen während großer Sommerhitze, könnte Verbrennen die Folge sein. Bei Empfängnis während der Hundstage droht das Schicksal, später von wilden Hunden oder sonstigen Bestien gefressen zu werden. Bei Laubfall ist späteres Herabfallen von Bäumen zu befürchten.

Den Hauptteil aber machen die Bemerkungen zur Empfängnis in jeder einzelnen Mondphase aus. Zur ersten ist notiert, dass die in ihr Geborenen als Männer später stolz und hartherzig werden, schlecht über ihre Mitmenschen reden, ansonsten körperlich gesund und unanfällig gegen schwere Krankheiten sind. Frauen streben nach Ansehen, vernachlässigen sich dabei selbst und andere, lieben Neuankömmlinge, sind gesund, leben jedoch nicht lange. Es folgt Erstaunliches und immer Erstaunlicheres: über Frauen mit männlichen Zügen (5. Mondphase), über unkeusche Angsthasen (9.), über Streitsüchtige, die zu Krämpfen neigen (17.), über ausgemachte Diebe (18.), Giftmischerinnen (20.), innerlich Verdorrte (21.) oder über Vergessliche, die sich leicht grausen (27.).

Irgendwie ist man nach all dem froh, wenn die Verfasserin Empfängnis Empfängnis sein lässt und sich anderen Dingen zuwendet. Dem Schnupfen zum Beispiel, gegen den sie Inhalieren von Tannenholzrauch empfiehlt. Und eine allerletzte Bemerkung über das Fieber, das eine Ursache haben kann, an die offenbar niemand denkt: zu langes Schlafen.

Waren die Germanen homosexuell?

Häufig, wenn vom kopernikanischen Weltbild die Rede ist, kommt auch sein Gegenstück zur Sprache: das ptolemäische. Nach Kopernikus dreht sich die Erde um die Sonne, nach Ptolemäus war es noch umgekehrt. Klar, dass das eine richtig ist und das andere falsch. Aber man muss auch bedenken, dass das falsche Weltbild das ›natürliche‹ war. Für jeden vernünftigen Menschen geht morgens die Sonne auf. Niemand sagt: schön, dass wir uns wieder einmal des Nachts richtig gedreht haben. Und noch etwas anderes ist zu bedenken: Ptolemäus fand sich in seinem falschen Weltbild erstaunlich gut zurecht. Selbst die merkwürdigen Bahnen der Planeten, ihr scheinbares Vor- und Rückwärtsschreiten im Tierkreis, konnte er mithilfe einer Theorie der Schleifenbewegung mathematisch höchst genau berechnen. Der *Almagest*, sein astronomisches Werk, war eine intellektuelle Spitzenleistung.

Falsch also, aber im Einklang mit der sinnlichen Wahrnehmung! Vielleicht deshalb kein Wunder, dass Ptolemäus auch der Autor des bedeutendsten Werkes zur Astrologie wurde. Der Himmel war für ihn ein Stück Heimat des Menschen. In seiner *Tetrabiblos*, dem »Viererbuch«, geht es ihm um den Einfluss der Sterne auf die Erde – etwas anderes kann sich Ptolemäus nicht vorstellen. Was da vor unsern Augen abläuft, ist selbstverständlich für uns da. Bedauerlich die vielen Fehler in den Aussagen, aber Irrtümer können nur in der Unzulänglichkeit der Berechnungen liegen – und eine Schimpfkanonade richtet sich gegen das Unwesen der windigen Geschäftemacher. Sein letztes

Wort lautet: Alles ist geschaffen, um uns zu helfen. Unglück wird angezeigt, wir können uns also wenigstens wappnen. *Das* ist der Sinn der Astrologie.

Nach der großen Einleitung behandelt Ptolemäus als Erstes die Wirkung der Sterne auf ganze Völker. Dabei kommen auch wir Westler in den Blick – Britannien und Germanien sind ausdrücklich genannt, was auch immer das im 2. Jahrhundert n. Chr. genau bedeutete. Für einen Griechen aus dem sonnenverwöhnten Alexandria müssen wir eigenartige Charaktere gewesen sein. Wir seien mondbestimmt, heißt es, denn der Neumond werde zuerst im Westen sichtbar. Weil der Mond die Erde besonders nahe umkreist, ist er auch feucht aufgrund all der Dünste und Nebel, die er aufsaugt. Feucht bedeutet weichlich, so wie die Frauen nach der medizinischen Säftelehre der damaligen Zeit ›feucht‹ sind. Daraus folgt schließlich: Wir Westler haben weiblich-weichliche Seelen. Wir sind Feinde jeder Unordnung, Reinlichkeitsfanatiker – und im Normalfall homosexuell.

Wie das nur zusammenpasst! Irgendwie scheint das ›natürliche‹ Weltbild manchmal auch etwas zu natürlich zu werden. Und der eine oder andere Irrtum ist Ptolemäus auch *innerhalb* seines falschen Weltbilds unterlaufen. Der Magnet ziehe Eisen an, sagt er, um zu demonstrieren, wie die Sterne auf die Menschen wirken. Aber diese Anziehung könne auch gehemmt werden – durch Einreiben des Magneten mit Knoblauch. Immerhin hat Ptolemäus gegen Homosexualität kein Mittel empfohlen.

Sonntagskinder

Niemand hat sich den Tag seiner Geburt nach dem Kalender ausgesucht. Bei den Müttern ist es inzwischen etwas anderes, und Kliniken sollen gelegentlich auch von sich aus nachhelfen, um an Festtagen mit Notdiensten auszukommen. Aber noch gilt: Die meisten Kinder kommen zur Welt, wann sie wollen. Nur eines können sie nicht vermeiden: dass dieser Tag ›Bedeutung‹ hat. Die klassische Astrologie liefert dazu das entsprechende Instrumentarium mit komplizierten Analysen des Himmelsbildes in allen seinen Einzelheiten. Man hat dem immer gewisse Vereinfachungen zur Seite gestellt. Eine davon orientiert sich an der so genannten Planetenwoche, in der bekanntlich jeder Tag mit einem dieser Himmelskörper verbunden ist. Wer also samstags (*Saturday*) zur Welt kam, war ein Saturnkind – nicht ganz so, wie ›richtige‹ Saturnkinder, denen der Planet wirklich leuchtete, aber immerhin Saturnkind im Sinne des Wochentags. Als beliebtester Tag galt jedoch immer derjenige, der der Sonne geweiht ist: sonntags werden Sonntagskinder geboren.

Schon die Römer kannten den Begriff und maßen ihm die gleiche Bedeutung zu wie wir heute: ein Sohn (oh, diese Männerherrschaft!) des Glücks war geboren, auch Sohn der weißen Henne genannt, weil eine weiße Henne als Glück bringend galt. Freilich bildeten sich Einschränkungen heraus, um nicht einem Siebtel der Menschheit Glück verheißen zu müssen, was auf Dauer niemand geglaubt hätte. Die Zeit des Gottesdienstes etwa hebt die ohnehin guten Aussichten noch beträchtlich, auch die Sonntags*nacht*, besonders zwischen elf und zwölf Uhr. Als schwierig erweisen sich Feiertage außerhalb des Sonntags. Schon komisch wirkt es, wenn an Neumond geborene Kinder ›Neusonntagskinder‹ heißen.

Auf jeden Fall waren Sonntagskinder Glückskinder. Schön sollten sie werden und vor allem reich, jedes ihrer Unternehmen würde gelingen. Deshalb ließ man diese Auserwählten Lotterienummern ziehen. Noch wichtiger war die Gabe der Wahrsagung, auch der Geistersichtigkeit. Sonntagskinder sahen den Tod von Menschen voraus und konnten Zwerge trotz Tarnkappe erkennen. Selbst sind sie gegen böse Geister geschützt, können nicht verhext werden. Nachteile lassen sich unter diesen Umständen kaum benennen. Allerdings trifft diese Schönen und Erfolgreichen *ein* Schicksal doch: sie sterben früh.

Wirklich grotesk ist eine letzte Eigenschaft, die wohl selten gewesen sein muss. Man kann die Sonntagskinder zwar im Allgemeinen nicht verhexen, dafür aber im Besonderen – bei ihrer Taufe. Wenn der Pate seine Kleidungsstücke verkehrt herum anzieht und als Antwort auf die Frage, ob das Kind getauft werden soll, statt »ja« »Mahr« sagt, wird der oder die Ärmste ein Nachtmahr. Also ein Wesen, das jede Nacht als Geist außer Haus verbringt. »Ja« und »Mahr« – im Gemurmel geht es leicht unter. Also doch kein Neid. Lieber bleiben wir Wochentagskinder etwas hässlicher und weniger erfolgreich, dafür im Schlaf ungestört.

Ein exaltierter Mensch

Wie stark eine Kultur mit ihrem Wissen und Denken eine andere beeinflusst, merkt man nicht zuletzt an der Sprache. Wieso verstehen wir so gut Italienisch, wenn es um Oper und Konzert geht? Wieso wissen selbst Unmusikalische, was *piano* und *forte* bedeutet, was eine Sinfonie ist oder eine Serenade? Weil Italien lange Zeit die führende Nation auf diesem Gebiet war. Bei der Haute Couture ist es genauso, nur dass jetzt Frankreich bzw. Paris den Ton und damit auch die Sprache angab. Und was ist mit einem exaltierten Menschen? Wieso verstehen hier immerhin noch viele, dass ein etwas überspannter Typ gemeint ist?

Eben! Darauf kommt man nicht so schnell. Es handelt sich in diesem Fall weniger um eine führende Nation als um ein führendes Weltbild. Dieses Weltbild aber ist die Astrologie. Viele Gedanken drücken wir bis heute in ihrer ›Sprache‹ aus, ohne es zu merken. In ganz einfachen Wendungen kommt es vor. »Das steht noch in den Sternen« – will sagen: Das gehört noch zu dem, was die Sterne ankündigen. Es ist also noch nicht eingetreten und so ganz gewiss ist es nicht. Viel hat schon in den Sternen gestanden, was dann doch anders kam. Was ›ein neuer Stern am Himmel‹ des Musiklebens, des Films bedeutet, weiß auch jeder.

Es ist wohl kein Zufall, dass besonders das Wirtschafts-, noch spezieller: das Börsenleben, gerne von astrologischen Bildern Gebrauch macht. Jeder weiß, was mit ›Zyklen‹ gemeint ist. Am Himmel sind es die regelmäßig wiederkehrenden Kreisbewegungen der Gestirne, in der Wirtschaft die Konjunkturen. Wer von ›Phasen‹ spricht, meint die unterschiedlichen Zustände des Mondes: zunehmender und abnehmender Mond, Neumond, Vollmond etwa. Wenn von guten und schlechten ›Aspekten‹ die Rede ist, spielt man auf die Stellung der Planeten zueinander an: auf Opposition (Gegenüberstellung), Konjunktion (Zusammenfall) und so fort. Wer bei ›Opposition‹ mitgehört hat, dass wir diese auch in der Politik kennen, liegt richtig.

So können wir eine ganze Weile weitermachen. Der ›Zenit‹ des Lebens bedeutet den Höhepunkt des Lebens, so wie die Sonne mittags um zwölf im Zenit steht. Mit ›Revolutionen‹ sind die Rückkehren der Planeten an ihren Ausgangspunkt zu *neuen* Umläufen gemeint. ›Kometenhafte‹ Aufstiege braucht man kaum zu kommentieren. Selbst mit dem ›Wendepunkt‹ scheint jener Wendepunkt gemeint, an dem Planeten plötzlich statt vorwärts (wie alle anderen Sterne) rückwärts gehen. Und der ›joviale‹ Herr, der seine Mitmenschen freundlich behandelt, ist auf jeden Fall ein unter Jupiter Geborener, was immer Positives mit sich bringt.

Bleibt zuletzt der etwas anstrengende exaltierte Mensch. Hier liegt ein Bezug auf die Lehre von den Planeten zugrunde. Die Planeten haben besonders viel Einfluss auf den Menschen. Aber dies hängt auch von ihrer Stellung ab. Jeder Planet übt seine höchste Macht in einem ganz bestimmten Abschnitt des Tierkreises aus. Dort hat er seine ›Erhöhung‹, eben seine Exaltation. Die ›gute‹ Sonne zum Beispiel im Widder. Der ›böse‹ Saturn ist am bösesten im genau gegenüberliegenden Sternbild der Waage. Exaltiert bedeutet also erhöht, ein exaltierter Mensch ist jemand, der sich ständig ›erhöht‹ gibt. Aber wer denkt bei solchen Nervlingen noch an Astrologie?

Finsternisse

Mit der Vorhersage von Sonnen- und Mondfinsternissen hat man immer viel Eindruck gemacht. Thales demonstrierte damit noch vor Sokrates, dass die ›Philosophie‹ etwas wert sei. Kolumbus bekam auf seiner zweiten Amerikareise von den Eingeborenen wieder etwas zu essen, als er das Himmelsspektakel ankündigte und es auch eintrat.

Aber Sonnen- und Mondfinsternisse haben auch viel Angst verbreitet. Ethnologen berichten, dass die meisten Urvölker darin einen Kampf der Himmelskörper sahen, von dessen Ausgang sie Schlimmes befürchteten. In unserer abendländischen Kultur sieht es nicht viel anders aus. Schon die athenische Niederlage gegen Sparta von 413 v. Chr. geht auf die Furcht der griechischen Truppen vor einer Sonnenfinsternis zurück. Bei der letzten großen Sonnenfinsternis am 11. August 1999 schürten die Boulevardblätter die Untergangsstimmung: Noch drei, noch zwei, noch ein Tag, bis vielleicht wirklich das Ende da ist. Notare meldeten Hochkonjunktur bei der Abfassung von Testamenten. Verängstigte Menschen begannen zu horten oder wagten sich nicht mehr aus dem Haus. Die Mehrzahl allerdings besorgte sich Spezialbrillen und fuhr nach Stuttgart, um das mittägliche Dunkel optimal mitzuerleben.

Es ist also weniger geworden mit den Ängsten, aber sie sind noch da – in vollklimatisierten Büros und bei lebens-, unfall- und sonst wie versicherten Menschen. Wir hängen eben an der Ordnung, an der Normalität und ganz unschuldig ist unsere christliche Vergangenheit auch nicht. Wer die Bibel kennt, weiß es. Der Tod

Christi am Kreuz ist von einer Sonnenfinsternis begleitet. In der Apokalypse des Johannes wird es bei der Öffnung des sechsten Siegels ebenfalls schwarz am Himmel. Ein böses Zeichen also!

Die Theologen gingen gegen derartige Prognosen auf Konfrontationskurs. Wenn das ›christliche‹ Volk am Rhein oder an der Donau *vince luna*, »Siege, Mond!«, schrie und dazu mit allem Metallenen klapperte, dessen es habhaft werden konnte, lag die Befürchtung nahe, dass es mit dem Vertrauen in Gott nicht sonderlich gut bestellt war. Hrabanus Maurus, einer der Berater Karls des Großen, erklärte seiner Umgebung, dass bei einer Mondfinsternis der Mond durch den Schatten der Erde gehe. Jahrhunderte früher hatte ein Bischof in einer Predigt noch stärkere Saiten aufgezogen: »Wie also kannst du, betrunken wie du bist, sehen, was mit dem Mond am Himmel zugeht, wo du nicht einmal bemerkst, was sich um dich herum auf Erden tut? Der Mond nimmt schnell das Licht wieder an, das er verlor, du nicht einmal langsam den Glauben, den du verleugnet hast.«

Sehr schön gesagt, auch wenn am Erfolg gezweifelt werden muss. Noch im 17. Jahrhundert lässt der Nürnberger Rat angesichts einer Finsternis seine protestantischen Bürger vorsorglich fasten. Im 18. wird eine katholische Prozession verschoben. Im 19., am 28. Juli 1851, befürchtete man den Weltuntergang oder wenigstens eine neue Sintflut. Vom 20. war bereits die Rede. Soll man daraus eine Lehre fürs 21. Jahrhundert ziehen? Vielleicht die, dass man nur mit Schutzbrille in die Sonne sehen soll. Beim letzten Mal war es trotz der Warnungen zu Unfällen gekommen.

Franzosenkrankheit

Im Jahre 1493 belagerte der französische König Karl VIII. Neapel. Da trat eine Seuche auf, wie sie Europa bislang nur von der Pest her kannte. Es war die Syphilis, die prompt als ›Franzosenkrankheit‹ oder auch einfach als ›die Franzosen‹ bezeichnet wurde. Aufgrund der zeitlichen Nähe zur Entdeckung Amerikas tippten einige auf eine Einschleppung aus den Tropen. Aber die große Mehrheit dachte anders. Die schreckliche Seuche konnte nur die göttliche Retourkutsche für große Sünden sein. Schon bei der Pest hatte man das geglaubt. Bei der Syphilis, die sich die Soldaten in den Bordellen holten, lag dies noch viel näher. Auch das Mittel der Strafe war klar: Gott bediente sich der Sterne.

Als die Syphilis ausbrach, hatte es gerade eine unheilschwangere Konjunktion, also Versammlung, der großen Planeten im Sternzeichen des Skorpions gegeben. Der Skorpion aber war das Sternzeichen der Geschlechtsteile – wie nahe liegend also die Entstehung *dieser* Krankheit. Es gab jedoch auch eine andere astrologische Erklärung, die Paracelsus lieferte. Schon bei der Pest hatte dieser Arzt an himmlische Ursachen geglaubt, an eine ›Vergiftung‹ durch arsenhaltige Sternengeschosse, gegen die er berühmtermaßen Arsen einsetzte. Natürlich nicht in reiner Form, was sofort tödlich gewesen wäre, sondern entsprechend präpariert. Bei der Syphilis machte Paracelsus nun darauf aufmerksam, dass Frankreich im Sinne der alten Völkerastrologie der Venus unterstellt sei. Die Franzosen also hätten als erste jene Provokation ihres Gestirns vollzogen, die dann die Seuche über sie und anschließend über ganz Europa brachte. Nebenbei bemerkt, distanzierte sich Paracelsus damit von der Erklärung, die Syphilis stamme aus Amerika.

Dabei macht Paracelsus sehr ausführliche und auch sehr detailverliebte Bemerkungen über einen im ›Luxus‹ vollzogenen Koitus, der die Krankheit auslöst. Weil das Ergebnis Wunden sind, muss die Syphilis wie ›fressende Löcher‹ oder Krätze behandelt werden. Eine damalige Modemedizin scheidet für Paracelsus sofort aus: das Guajakholz aus den neu entdeckten Tropen, gewissermaßen tropisches Material gegen eine aus den Tropen stammende Krankheit. Paracelsus greift demgegenüber zu ›chemischer‹ Behandlung, speziell wieder zu Arsenpräparaten. Die Angaben zur Präparation sind freilich so sehr durch magische Prozeduren bestimmt, dass man nicht herausbekommt, was wirklich zugrunde lag.

Für uns ist ohnehin etwas anderes interessanter. Seuchen dieses Ausmaßes haben immer zu Erklärungsversuchen geführt. In *diesem* Punkt unterscheidet sich das 16. Jahrhundert in nichts von unserer Zeit, die die neue ›letzte‹ Seuche hat kennen lernen müssen. Sobald AIDS da war, begannen die Schuldzuweisungen. Nur sind es heute weder Gott noch die von ihm benutzten Sterne, sondern zum Beispiel die Labors des CIA. Damals ist keine Klarheit erzielt worden, heute muss man ebenfalls wohl noch lange warten.

Im siebenten Himmel

Schlager können ja so schön sein. »Ich tanze mit dir in den Himmel hinein, in den siebenten Himmel der Liebe.« Wohl keine Tänzerin hat jemals den Sänger gefragt: »Wo genau, bitte schön, ist das denn?« Und wenn doch, wird es ein langes Gesicht gegeben haben und vielleicht beiseite im Selbstgespräch: »So eine Zicke!«

Dabei ist durchaus klar, was gemeint ist. Nach dem alten Weltbild ging man von sieben Planeten aus, die jeweils ›ihren‹ Himmel hatten. So sprach man vom Jupiter- oder Saturnhimmel. Hinter dem letzten Planeten stellte man sich den letzten Himmel, den eigentlichen Himmel, vor, manchmal noch etwas aufgestockt in weitere Etagen wie in Dantes *Göttlicher Komödie*. Aber jedenfalls bevölkert mit den himmlischen Gestalten von den Engeln bis zu Gottvater. In diesen Himmel wollte jeder einmal kommen. Allerdings nicht gleich, sondern später, nach dem Jüngsten Gericht. Falls es nicht doch bergab in die Hölle gehen sollte. Kaum eine mittelalterliche Kathedrale, wo dies nicht im Bogen der Eingangspforte schön schaurig dargestellt ist.

Als Kopernikus 1543 sein neues Weltbild in Buchform präsentierte, hatte sich in dieser Hinsicht nicht allzu viel geändert. Kopernikus versetzte zwar statt der Erde die Sonne ins Zentrum und ließ uns samt den anderen Planeten um sie kreisen. Aber auch er glaubte noch an eine abschließende Schale, hinter der der Himmel begann. Die Sterne deutete er regelrecht als Löcher, durch die das Licht des Paradieses hindurchleuchtete.

Kopernikus hätte also kaum etwas gegen den Schlager gehabt, höchstens auf den etwas weiten und unbequemen Aufstieg verwiesen – jedenfalls nichts für Tanzschuhe.

Ein Problem für den Schlager, der damals freilich noch längst nicht komponiert war, stellte sich erst kurz nach dem Tod von Kopernikus. Die ersten Beobachter merkten, dass da wohl doch keine Löcher in einer Schale waren, sondern Sterne in sehr unterschiedlichen und sehr, sehr weiten Entfernungen – allesamt Sonnen wie unsere eigene. Giordano Bruno leitete daraus ab, dass unsere Erde ein ziemlich einsames Staubkörnchen im Universum sein müsse und eine Erlösung im biblischen Sinne irgendwie unwahrscheinlich klinge. Dabei hatten gerade für Bruno die Sterne als Beherrscher des menschlichen Lebens nichts an Reiz eingebüßt. Sein Tod auf dem Scheiterhaufen im Jahre 1600 war damit jedoch nicht zu verhindern.

Natürlich lässt sich mit Flammen kein Weltbild beseitigen. In der Folge machte die Astronomie ihre rasanten Fortschritte mit etwas vorsichtigeren Geistern wie Galilei oder Kepler. Der Himmel kehrte nicht wieder, sondern im Gegenteil. Immer weiter zerstäubte er in immer unendlichere Fernen – heute sind es 14 Milliarden Lichtjahre. Schlagersänger lassen sich davon jedoch nicht beeindrucken und irgendwie haben sie Recht dabei. Die alten Bilder können bleiben. Sie stören nicht, sondern nützen eher. Was sollte man mit der Liebe anfangen, wenn man die Milliarden Jahre ernst nähme? Tanzen wir also ruhig weiter in den siebenten Himmel hinein!

Astrales Gedächtnis

Im antiken Rom brauchte man viel Unterhaltung, um das Volk bei Laune zu halten. Zirkus, Pferderennbahn und Theater waren regelmäßig überfüllt. *Ein* Spaß funktionierte so wie heute »Wetten, dass …?«, allerdings mit stark reduziertem Programm. Geboten wurde Gedächtniskunst. Zum Beispiel der Vortrag der *Aeneis* – rückwärts. Großer Jubel nach ein paar Stunden Kauderwelsch. Und neue zahlende Kunden für eine Kunst, die man vor dem Zeitalter des Buchdrucks gut gebrauchen konnte.

Dabei war keine Zauberei im Spiel, sondern Technik. In allen Rhetoriklehrbüchern ist es erläutert: Man prägte sich Texte ein, indem man sie Satz für Satz in ›Bilder‹ übersetzte. Diese ›Bilder‹ wurden an bestimmten ›Orten‹ eines imaginären Hauses gleichsam niedergelegt. Beim Vortrag ging man im Geiste von ›Ort‹ zu ›Ort‹ und holte die ›Bilder‹ ab. Als Bild für einen Zeugen etwa dienten Widderhoden. Widderhoden heißen auf Latein *testiculi*, Zeugen *testes*. Sah man mit dem geistigen Auge die Hoden, fielen einem die Zeugen ein. Einige Rhetoriker äußerten Zweifel daran, ob das System wirklich funktionierte. Die *Aeneis* rückwärts lernt man ganz gewiss nicht so. Dafür braucht man eine seltene Laune der Natur: ein fotografisches Gedächtnis.

Bislang war an keiner Stelle von Magie die Rede. Aber deren Stunde sollte kommen. Im Mittelalter dominiert noch die alte Technik. Petrus von Ravenna prahlte 1491 damit, dass er 100 000 ›Orte‹ im Kopf habe. Schon interessanter klingt es, wenn von Tränken die Rede ist, die dem Gedächtnis aufhelfen sollten.

Aber das ist nichts gegen die Theorien der Renaissance. Damals war von einem Gedächtnis die Rede, in dem *alles* Wissen aufbewahrt wird. Und diesmal nicht dank Technik, sondern mit Hilfe der Planeten: ein astrales Gedächtnis also.

Am anschaulichsten hat die Idee der sonst kaum bekannte Giulio Camillo umgesetzt. Er baute ein Theater mit sieben Rängen. Dabei gab es nur einen einzigen Zuschauer, der ungewöhnlicherweise von der Bühne her auf die Ränge schaute. Denn dort waren die Inhalte des Wissens aufgestellt. Zum Beispiel in der Jupiter-Reihe. Jupiter ist als Planet mit dem Element Luft verbunden. Auf *einem* Rang des Theaters ist dies nach all dem entfaltet, was mit dem Atmen zu tun hat. Auf dem nächsten Rang stehen die mit Luft arbeitenden Maschinen, etwa Windmühlen. Weil Atmen etwas mit der Seele des Menschen zu tun hat, sind auf dem wiederum nächsten Rang die geistigen Tätigkeiten abgehandelt, also Urteil, Rat und so fort.

Wohin man sieht in der Renaissance, stößt man auf immer neue Versuche, sich mit Hilfe der Sterne das Wissen der Welt anzueignen. Dann kamen neue Geister, die die magische Kunst in Mathematik verwandelten und dabei den Begriff des Unendlichen in aller Exaktheit im Infinitesimalkalkül darstellten – Leibniz als erster. Wir wissen, wie es weiterging. Das Gedächtnis wurde entbehrlicher und entbehrlicher, weil erst Bücher, schließlich sogar Maschinen seine Funktion übernahmen. Camillos Theater wird zum Witz angesichts des kleinsten Computers. Das Problem des Gedächtnisses ist also im Großen gelöst. Wenn wir nur nicht so vergesslich im Kleinen wären.

Mondsüchtig

Unter den sieben Planeten des alten Bildes vom Kosmos stechen zwei so sehr hervor, dass man sich wundert, wie sie immer mit den anderen in einem Atemzug genannt werden: die Sonne und der Mond, das Tag- und das Nachtgestirn. Im Aberglauben ist der Mond sogar wichtiger. Die Sonne erscheint gewissermaßen zu regelmäßig. Ihr Umlauf im Jahr, ihr Stand im Tierkreis sind nicht wirklich erlebbar. Anders beim Mond. Jeden Tag bzw. jede Nacht findet man ihn an anderer Stelle. Er nimmt zu und er nimmt ab. Sein Umlauf vollzieht sich in gut überblickbaren 28 Tagen. Jeden Tag zieht er das Wasser des Ozeans an und gibt es wieder frei. Der Mond, mit einem Wort, greift permanent ein in den Lauf der Welt. Und dann der blasse Schimmer einer Mondnacht – als hätt' der Himmel die Erde still geküsst ...

Irgendwie denkt der Aberglaube nüchterner. Er klammert sich ans Zu- und Abnehmen, macht daraus Vor- und Nachteile, Wachsen und Verkümmern. Durch kaum etwas ist der frühere Alltag stärker bestimmt worden. Schon bei der Geburt überstrahlt der Mond förmlich das Horoskop, wenigstens in einem Fall: bei Neumond Geborene werden unfruchtbar. Ansonsten kann man jedes Ereignis unter Zu- und Abnehmen stellen. Wann die Hochzeit feiern? Wann zur Bank gehen? Die Antwort erübrigt sich. Überhaupt muss man selten einen Augenblick nachdenken. So wie beim Holzfällen. Besser beim Abnehmen, damit die Würmer keine Chance haben? Oder doch beim Zunehmen, damit das Holz gut lagert? In Kärnten war das Fällen bei zunehmendem Mond behördlich vorgeschrieben.

In Feld und Garten hat man es wieder leichter. Scheinbar, denn bei genauerem Hinsehen zeigt sich, dass der zunehmende Mond das Wachstum *über* der Erde befördert, bei Getreide oder Kohl etwa. *Unter* der Erde gedeihende Früchte wie Kartoffeln oder Rüben drohen ins Kraut zu schießen, werden entsprechend bei abnehmendem Mond gepflanzt. Wirklich leichter der Gang zum Friseur. Außer bei den ganz Sparsamen, die am liebsten auf ihre Haare verzichten – also bei Abnehmen gehen. Aderlassen ist heute so sehr aus der Mode gekommen, dass es wohl jedem egal ist, wie dabei der Mond steht. Nur der Vollständigkeit halber: bei abnehmendem Mond könnte der Blutverlust zu hoch sein. Es gibt jedoch viel speziellere Probleme. Zahnschmerzen zum Beispiel, Wurmbekämpfung, Hühneraugen – bei näherem Nachdenken kommt man schon selbst auf den rechten Zeitpunkt. Auch bei so wichtigen Fragen, wann man verwitwete Frauen besuchen, Kinder in den Unterricht geben oder auf dem Markt Besorgungen machen soll.

Wenden wir uns lieber zuletzt etwas anderem zu: dem Mann im Mond. Er hat nicht nur zur Erklärung der seltsamen Flecken gedient, die sich heute in jedem Billigfernrohr als Krater erweisen. Es geht vielmehr um Entrückungssagen: um *Verbannung* auf den Mond bei schwerwiegenden Vergehen. Wenn man liest, dass Weltraumtouristen heute Dollarbeträge in zweistelliger Millionenhöhe für ihre ›Entrückung‹ ausgeben, sind die Dinge arg auf den Kopf gestellt. Denn diese Leute *wollen* ins All und vielleicht bald auch auf den Mond.

Einwände

Geben wir es ruhig zu: Bei Gesprächen über die Macht der Sterne fühlen wir uns unwohl. Es existiert keine zuständige Wissenschaft, jeder Einwand läuft seltsam ins Leere. Plötzlich ist von Einflüssen die Rede, für die es *noch* keine Messmethoden gibt. Und von der verstorbenen Oma bis zur neuesten Urlaubsbekanntschaft häufen sich die Beweise, dass die Sterne *nicht* gelogen haben. Auf all dies fällt einem nichts ein.

Es muss schon immer so gewesen sein. Ein antiker Intellektueller mit Namen Aulus Gellius hat in seinen *Attischen Nächten* alles Wissenswerte seiner Zeit gesammelt, ganz offensichtlich nicht zuletzt als Ausrüstung oder auch Aufrüstung für Diskussionen. Und mitten darin findet sich ein Katalog von Einwänden gegen den Sternenglauben. Ob man sich daraus heute noch bedienen kann? Hier die zehn Punkte in knappster Zusammenfassung:

1. Es ist falsch, vom tatsächlichen ›Einfluss‹ des Mondes auf Ebbe und Flut auch auf einen solchen beim menschlichen Handeln hochzurechnen. 2. Wenn die gleichen Sterne in verschiedenen Regionen verschiedenes Wetter erzeugen, müssen sie auch verschiedene Menschen hervorbringen. 3. Es könnte weitere Planeten geben, die wir wegen der großen Entfernungen nicht sehen. 4. Man kann sich nicht auf Erfahrung stützen, weil die Bewegungen am Himmel erst nach riesigen Zeiträumen wieder an ihren Ausgangspunkt zurückkehren. 5. Wenn das Schicksal wirklich festliegt, dann liegt es schon vom Vater oder Großvater her fest. 6. Die Astrologie macht die Menschen zu willenlosen

Gliederpuppen. 7. Wie kann es noch Glücksspiel geben, wenn alles vorhersehbar ist? 8. Zwillinge und Schiffsuntergänge belegen, dass gleichzeitig Geborene verschiedenes Schicksal, ungleichzeitig Geborene dasselbe Schicksal haben. 9. Warum gibt es nur *einen* Sokrates oder Platon, wo doch bei ihrer Geburt viele weitere Menschen geboren wurden? 10. Bei Vorhersage von Glück macht man die Menschen durch Sorglosigkeit unglücklich, bei Vorhersage von Unglück durch ewige Furcht.

Überrascht – vielleicht von Punkt 3? Zum Schluss noch dies: *Ein* Argument für den Sternenglauben betrifft häufig das hohe Alter – nach dem Motto: zwei Jahrtausende können nicht irren. *Das* kann man mit Aulus Gellius auch für die Einwände geltend machen.

Alchemie

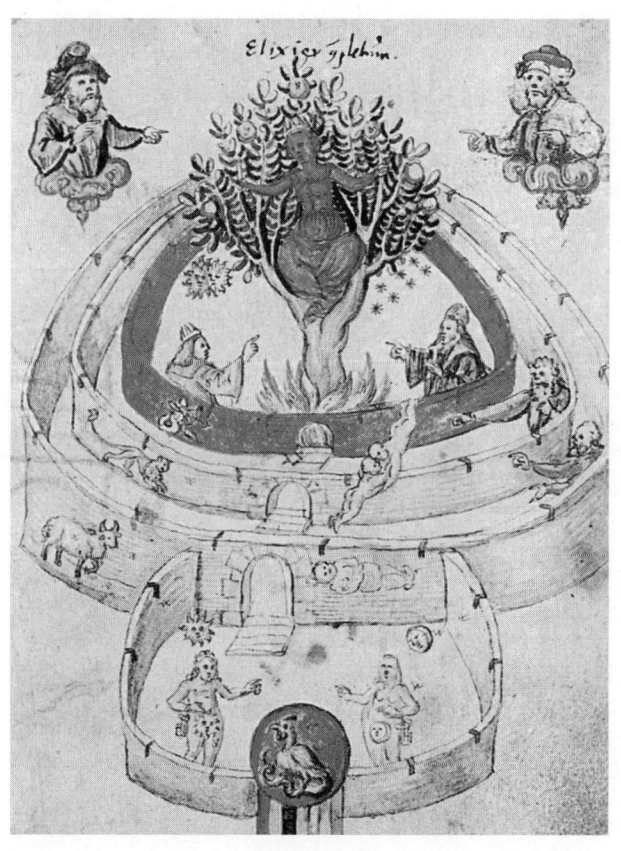

Gold nach Rezept

»Nach Golde drängt, am Golde hängt doch alles«, klagt Margarete im *Faust* und fasst damit eine der ältesten und unheilvollsten Sehnsüchte der Menschheit zusammen. Kein Wunder, dass die Geschichte voll ist von Berichten über Betrug und Fälschung. In einem syrischen Text aus dem 1. Jahrhundert n. Chr. wird zum Vortäuschen von Gold gelbes Arsen empfohlen. Spannender in diesem Punkt aber ist ausnahmsweise einmal nicht die Verbrechens-, sondern die Wissenschaftsgeschichte. Gut möglich, dass wir viel länger auf die moderne Chemie gewartet hätten ohne die Suche nach der *wirklichen* Metallverwandlung, dem Traum der Alchemisten.

Wir finden ihn in vielen Kulturen auf sehr ähnliche Weise: nämlich in Verbindung mit der Vorstellung, dass Metalle wie Früchte ›reifen‹. Was der Mensch im Berg abbaut, ist letztlich unvollendetes Gold. Metall also, das auf dem Wege ist, Gold zu werden. Plausibilität für diese Form der Verwandlung ergab sich aus der Elementenlehre, die Aristoteles ausgearbeitet hatte. Die Luft beispielsweise ist feucht und warm, das Feuer warm und trocken. Es gibt mit der Wärme also eine Gemeinsamkeit, die Übergänge wahrscheinlich macht. Die Alchemisten beschäftigten sich mit diesen Übergängen, indem sie brannten und garten, siedeten und rösteten – immer, um die natürliche Verwandlung abzukürzen. Der Alchemist war so gesehen kein Zauberer, sondern ein Herr über die Zeit.

Die Ideen wechselten dabei. Goldmachen erscheint beispielsweise wie Brotbacken. Man könne mit echtem

Gold in Pulverform wie mit Hefe die Umwandlung gewissermaßen anregen. Professioneller klingt der Rückgang auf ›Urstoffe‹, der Versuch, das Gold ›aufzubauen‹. Entsprechend zieht sich die Suche nach der *Prima materia*, die die Keime aller Dinge enthält, durch die Geschichte. Schwarz ist diese *Prima materia*, wie der Tod, aus dem alles Leben entsteht. Auch vom Ur-Ei ist die Rede. Schließlich von der ›Vermählung‹ von Schwefel und Quecksilber, des Brennbaren und des Flüssigen, am besten mit Hilfe des Steins der Weisen.

Und so stößt man denn auf die Rezepte in der Literatur, die immer so formuliert sind, dass es zur wirklichen Anwendung eines geheimen Vor- oder Zusatzwissens bedarf. In einer *Summe über das perfekte Werk des Goldmachens* aus dem 13. Jahrhundert ist zuerst davon die Rede, dass Gold auf natürliche Weise durch ›Kochen‹ in der Erde entsteht. Entsprechend sollen Kupferteilchen, die man im Fluss findet, drei Jahre lang von der Sonne erwärmt werden. Danach gilt es, weitere Substanzen zuzuführen, ohne nähere Angaben der Art und Weise. Stattdessen hören wir, dass man sehr geschickt und scharfsinnig sein müsse: »Dummköpfen gelingt es nicht.«

Arme Alchemisten! Nicht alle hatten nur schnöden Mammon im Sinn. Es gab auch ein Streben nach Selbstvervollkommnung in eins mit der Vervollkommnung des Metalls. Wer weiß schon, wie viel *davon* zu stande gekommen ist?

Ewiges Leben?

Wir Laien, die wir nur ungefähr wissen, was ein Gen ist, haben in den letzten Jahren allerhand schlucken müssen. Erst das Schaf Dolly. Dann die Entzifferung des Genoms. Im Augenblick die Stammzellendebatte. Fehlt nur noch die Nachricht, dass die Wissenschaft den Alterungsprozess endgültig begriffen hat und nun aufzuhalten in der Lage ist.

Es mag erstaunen, dass die Menschheit gerade auf diesen Fortschritt schon lange erpicht war. Im Mittelalter hatten Bücher über Lebensverlängerung geradezu Konjunktur. Die Titel klingen wie aus modernen Labors: *Über die Beherrschung des Alters*, geschrieben von Avicenna, arabischer Arzt im 11. Jahrhundert. *Über die Verlangsamung der Zeichen des Alterns* von Roger Bacon, berühmter Franziskanergelehrter im 13. Jahrhundert. *Über die Bewahrung der Jugend und die Verlangsamung des Alterns* von Arnald von Villanova, Medizinprofessor in Barcelona, Paris und Montpellier im 14. Jahrhundert.

In der Renaissance das gleiche Bild. Von Marsilio Ficino stammt ein Buch *Über das dreifache Leben*, dessen zweiter Teil den Titel trägt: *Über das lange Leben.* Es enthält Anweisungen auf astrologischer Grundlage. Jedes Lebensalter stehe unter der Herrschaft eines ›Sterns‹ und könne entsprechend unterstützt werden. Das erste unter dem Mond, das zweite unter Merkur und so fort, bis zum siebenten unter Saturn, um beim achten Lebensalter wieder von vorn zu beginnen. Dabei werden vierzig Heilpflanzen aufgezählt, die von den jeweiligen Planeten beeinflusst werden, um den

Körper zu unterstützen. Von der Sonne etwa Herzkraut und Safran, von der Venus Leberkraut und Endivien. Dazu kommt noch die Stärkung mit Muttermilch oder mit dem Blut junger Männer.

Den Höhepunkt aber brachte Paracelsus. Nicht nur, dass er das Thema häufig aufgreift. An seinen Tod knüpft sich die Legende, dass das mit Pulver verspundete Fass, in dem er auf die Wiedererweckung wartete, nur zu früh geöffnet wurde. In seiner Spezialschrift, dem *Buch vom langen Leben*, teilt er ein Rezept mit, das wohl eher für noch Lebende bestimmt war: Auszüge aus Gold und Perlen, dazu die Quintessenzen von Krokus, Schöllkraut und Melisse – wenn man denn wüsste, wie man an Quintessenzen kommt. Anderswo lehrt er, dass alles Leben grundsätzlich erneuerbar ist. Er demonstriert dies auch noch ausgerechnet an einem Schaf, ja behauptet: »… dass ein altes Schaf wiederum restituiert werden kann in das andere Alter und erfüllt wird mit eines jeglichen jungen Schafes Tugend, mit Milch und Wolle.« Und weiter heißt es: »Ebenso kann der Mensch von einem Alter bis auf das andere gebracht werden …«.

So ging es noch eine Weile weiter, ehe die moderne Wissenschaft dem magischen Experimentieren den Garaus bereitete. Man hatte sich abgefunden mit dem begrenzten Leben. Und nun die Genforschung! Sie könnte den Traum wirklich erfüllen. Aber jetzt halten ihn die meisten für einen Albtraum. Auch zu den Zeiten der erfolglosen Magie kann man sich einmal zurücksehnen.

Der Mensch aus der Retorte

Wie sich die Probleme gleichen und doch auch nicht gleichen können! Immer, wenn es um die Entstehung der modernen Welt geht, wendet sich der Blick zurück und lautet die Auskunft: schon da gewesen. Weltweite Kommunikation, Transport durch die Lüfte, Ausnutzung der Naturkräfte – alles vorweggeträumt! Und dann das Pünktchen auf dem i: der Mensch aus der Retorte.

Gerade der! Man lese Paracelsus, *De homunculis*, »Über (künstliche) Menschlein«. Man schlage nach bei Goethe, *Faust II*, die Szene mit dem Titel »Laboratorium«, wo Famulus Wagner »am Herde« steht und unter den Augen Mephistos den Homunculus zusammenbraut. »So muss der Mensch mit seinen großen Gaben / Doch künftig höhern, höhern Ursprung haben«, hat Wagner gerade gesagt – und schon »leuchtet« es in der Phiole: »Nun lässt sich wirklich hoffen, / Dass, wenn wir aus viel hundert Stoffen / Durch Mischung – denn auf Mischung kommt es an – / Den Menschenstoff gemächlich komponieren, / In einen Kolben verlutieren / Und ihn gehörig kohobieren, / So ist das Werk im stillen abgetan.« Nur einige Sekunden noch, dann regt es sich, und aus dem Glase heraus ruft ›es‹: »Nun Väterchen! Wie steht's? Es war kein Scherz.«

Alles schon da gewesen? Unsinn! Wer das glaubt, hat nichts begriffen! Was Famulus da im Laboratorium zusammenkocht, könnte die Menschheit zur Not aushalten. Wahrscheinlich war Blut im Spiel, Blutdestillation, denn kurz zuvor fällt der Satz: »Des Menschen

Leben lebt im Blut.« Genau der falsche, der harmlose Weg. Noch falscher und noch harmloser Paracelsus, der sich vorstellte, man könnte »verschüttetes Sperma aufklauben« – und fürchterlich auf die »Sodomiter« schimpft. Kaum besser auch als schon im 13. Jahrhundert Arnald von Villanova, der dem Sperma Urin beimischen wollte. Und noch einmal nicht besser als der ›verrückte‹ Renaissance-Magier Robert Fludd, der uns weismachen will, dass er bei einer Blutdestillation plötzlich Geschrei wie von einem brüllenden Löwen oder Ochsen gehört habe, wonach ein Menschenkopf in der Retorte erschienen sei. Zur Ahnungslosigkeit auch noch plumper Betrug.

Nein, so ist es eben nicht weitergegangen. Moderne Laboratorien sehen nicht nur anders aus, die Idee ist eine andere. Mit der Genetik kommt nicht der Eingriff in den Menschen, sondern in die Menschheit – ein völlig anderes Problem. Züchtung mit Folgen, die keiner übersieht. Wagners Homunculus begleitete anschließend Faust durch die Walpurgisnacht. Mit künstlich gezüchteten Menschen könnte eine ganz andere Walpurgisnacht beginnen. Und nicht nur Genmanipulation ist der einzige Weg dorthin. Statt Neues zu produzieren, lässt sich das Alte bearbeiten: Psychopharmaka steuern chemische Vorgänge im Gehirn, machen den kleinen Zappelphilipp mit Ritalin schultauglich. Im Warenhaus bestellt das Ehepaar mit Kinderwunsch Wunscherbmaterial – ohne die schiefe Nase der Mutter oder die lausige Intelligenz des Vaters.

Wie heißt es noch bei Goethe? »Es war kein Scherz«. Damals war es eigentlich doch einer, erst heute vergeht uns das Lachen.

Der Stein der Weisen

Wohlgemerkt: Immer ist die Rede vom Stein *der* Weisen, niemals von dem *des* Weisen! Dieser Stein gehört einer Bruderschaft, die mit der Herstellung vertraut ist, ihn besitzt und festhält. Er ist nicht nur geheimnisvoll, sondern wird als Geheimnis *bewahrt*. Eine Weltformel, die vor Anwendung geschützt werden soll? Und warum dieser Schutz?

Vielleicht zuvor eine andere Frage: Was genau kann dieser Stein? Die einzig sinnvolle Antwort lautet: Der Stein der Weisen befreit von den Naturgesetzen, so wie die Taufe von der Erbsünde. Noch werden die Naturgesetze als einschränkend erfahren. Noch gilt nicht Bacons berühmter Spruch, dass man mit der *Unterwerfung* unter sie mächtig wird. Der Stein der Weisen macht eher das möglich, was schon einmal möglich war, und zwar im Paradies: ewiges Leben, ewige Gesundheit, Freiheit von Nahrungssorgen, Freiheit auch von dem Übel der Gesellschaft. Der Stein der Weisen macht letztlich den ganzen Schlamassel des Sündenfalls rückgängig.

Natürlich wollte jeder in seinen Besitz kommen, vorbei an dieser neidischen Bruderschaft, die sich nirgends finden ließ. Die Alchemisten arbeiteten immer auch, wenn nicht in erster Linie, an diesem Stein, der alle anderen Werke überflüssig gemacht hätte. Und so tauchen denn die Beschreibungen auf, die dem Adepten damit winken, Herr über die Schöpfung zu werden. Das Büchlein *Von der Alchemie*, das Albertus Magnus zugeschrieben wurde, plaudert das Geheimnis der Gewinnung aus, ohne dass man daraus schlau würde. Auch Paracelsus weiß angeblich Bescheid, stellt den Stein der Weisen zu den drei anderen großen Arcana, den Geheimkünsten: *Prima materia*, Lebenswasser und Tinktur bzw. Elixier.

Die schönsten Beschreibungen des Steins der Weisen aber sind die ironischen, so wie Agrippa von Nettesheim seine womöglich machtlüsternen Leser foppte: »Es ist etwas, das eine Substanz hat, die nicht zu feuerartig, aber auch nicht gerade erdartig, nicht einfach wasserartig, nicht von sehr scharfer, doch auch nicht von stumpfer Beschaffenheit, es fühlt sich ganz normal an, einigermaßen weich oder wenigstens nicht eben hart, nicht rau, schmeckt etwas süß, riecht angenehm, ist herrlich anzuschauen, lieblich und wohllautend anzuhören und unendlich weit zu denken. Mehr darüber darf ich nicht sagen, nur so viel: Es gibt noch Größeres als das!«

Noch Größeres? Beglaubigung durch Überbietung eben. Wem viel versprochen wird, der glaubt vielleicht eher, wenigstens etwas zu erhalten. Nicht einmal das scheinen die Steinsüchtigen gemerkt zu haben, dass es hier nicht um mehr oder weniger ging, sondern ganz einfach um alles oder nichts.

Allheilmittel

Nach einem alten Witz unterscheiden sich zwei Ärzte, Vater und Sohn, in ihrer Verschreibung von Medikamenten auf folgende Weise. Der Junge benutzt zwanzig Pillensorten für eine einzige Krankheit, der Alte eine einzige Pillensorte für zwanzig Krankheiten.

Der Witz am Witz liegt nicht in der Verunglimpfung eines vermeintlich fortschrittlichen Doktors, sondern in der Sehnsucht nach der Panazee, dem Allheilmittel – kein ›Allerweltsmittel‹, sondern das Heilmittel, das *alle* Krankheiten heilt. Und dies aus einem gut nachvollziehbaren Grund: weil man für alle Krankheiten letztlich dieselbe Ursache vermutete. Es geht also um eine Attacke auf die Arztkunst, die nicht wirklich weiß, worin Krankheit besteht. Überall, wo die Panazee auftaucht, ist genau davon die Rede.

Zum Beispiel bei Paracelsus. Dieser Schweizer Arzt, für viele der Begründer der modernen Medizin, suchte sein Leben lang, prüfte und sammelte Medikament um Medikament. Sein Traum aber galt dem Allheilmittel, wozu er die Grundlage sich abzeichnen sah. Paracelsus hielt jede Krankheit für eine Art Vergiftung. Ein Teil der Gifte stammt aus den Sternen. Selbst vergiftet, vergifteten sie zuerst die Luft, dann das Wasser, mit diesem die Fische und am Ende den Menschen, der die Fische isst – hochinteressant diese frühe Einsicht in die Rolle von Nahrungskette und Schicksal des Endverbrauchers. Ohnehin schluckt der Mensch Gift, das Böse der Natur, das allgegenwärtig und mit der (missratenen) Schöpfung für immer verbunden ist. Aber es gibt im Körper einen Aufpasser, der das Gift neutralisieren kann und muss: den Archäus. Ist dieser Archäus in Ordnung, wird der Mensch nicht krank. Ist der Mensch krank, muss man eigentlich nur den Archäus wiederherstellen.

Noch im 18. Jahrhundert waren diese Vorstellungen lebendig. Mit Goethe Vertraute wissen, dass der Dichter in jungen Jahren schwer erkrankte und von dem Arzt Dr. Metz mithilfe eines Salzes gerettet wurde, dem die Allheilkraft zu Eigen sein sollte. Die Begründung hatte ein Mediziner mit dem ›Künstlernamen‹ Sincerus Renatus zu Anfang des 18. Jahrhunderts gegeben. Wieder ist vom Archäus die Rede, dem der Arzt gewissermaßen zu Hilfe eilt. Und es ist ein Salz, angeblich aus Licht und Feuer, das den ›Fluch‹ der Krankheit löst. Goethe suchte nach seiner Genesung begeistert Kieselsteine im Main, aus denen er selbst das Salz zu gewinnen hoffte. Es wäre die »Tinctur aus dem Paradieß« gewesen, enthaltend den »grössesten und ein[z]igen Zweck der Chymie«.

Kein Witz also der Witz, im Gegenteil. Nur kennt jeder das Ende der Geschichte – man braucht bloß in eine Apotheke zu gehen. *Diesen* Traum hat die Wissenschaft jedenfalls vorläufig nicht erfüllt, im Gegenteil. Kaum ein Produkt scheint sich schneller zu vermehren als die gute alte Pille.

Aphrodisiaka

Aphrodisiakum – ein Wort voller Musik, aber auch ein arger Zungenbrecher. Dass jeder trotzdem weiß, worum es sich handelt, verdankt das Wort der Stärke des Wunsches, der mit ihm verknüpft ist. Es geht um die Gabe der Aphrodite, der Göttin der Liebe bei den Griechen. Seit je hat man nichts unversucht gelassen, dieser Gabe teilhaftig zu werden. Denn nicht jedem ist sie einfach so gegeben. Gefragt waren also die Mittel oder Mittelchen. Lange, sehr lange vor Viagra hat man sie angeboten und erworben. Wie viele mögen der Wirkung ihr Leben verdanken? Wie viele, was immer mehr gezählt hat, ihr Renommee?

Kraftsteigerung also an einer Stelle, wo es keine trainierbaren Muskeln gibt – wie soll das zugehen? Impertinente Frage, würde jeder alte Römer sagen, der vom einzig zuständigen Zentrum im Körper ausging: von der Wollust, die ja wohl irgendwo im Kopf entsteht, gesteuert von Augen, Ohren, Nase und etwas tiefer dem Tastsinn. Hier also galt es nachzuhelfen oder auch die Nachhilfe in Grenzen zu halten. Mittel zur Erregung der Wollust wurden nicht nur zum Kassenschlager, sondern bedrohten den Staat und wurden offiziell verboten – wahrscheinlich nicht konsequent genug, wie der Untergang des Römischen Reiches lehrt.

Wenn man heute im Internet surft und ganz unbedroht nach Mitteln Ausschau hält, wird etwa die Gewürznelke empfohlen, die einen Schwellreflex bei gewissen Schwellkörpern verursacht. Auch Pfeffer und Paprika stehen auf den langen Listen. In diesem Fall, weil sie die Durchblutung des Bauches und der Sexualorgane fördern. Um Gottes willen! Als wenn die Liebe der Arztpraxis bedürfte! Besser da schon das Rezept des Nostradamus aus Salbei, Pfefferkraut und Minze, was sich irgendwie natürlicher anhört. Oder der Tipp mit dem Champagner plus Schnittlauch, bei dem auf jeden Fall der Champagner wirken dürfte.

Nein, die richtigen Aphrodisiaka sind anders! Worauf es ankommt, ist die Übertragung von Kräften, sind die Ähnlichkeiten, die diese Übertragung garantieren – wie immer in der Alchemie. Hoden von besonders fruchtbaren Tieren wären das Richtige, von Hasen und Sperlingen zum Beispiel. Plinius füllt ganze Kapitel mit seinen Angaben, wobei ausgerechnet der Esel dominiert. Darüber hinaus die Hyäne, von der ein Auge gegessen werden soll, vom Esel natürlich die Hoden. Wem davon nicht schlecht wurde, durfte es auch mit Einreiben probieren. Selbst Albertus Magnus, auch in diesem unschicklichen Punkt offenbar gut informiert, empfiehlt dazu Salbe aus Bocksgalle oder Bocksunschlitt – Igitt! Also auch beim Einreiben immer noch viel Sinn für die entscheidende Ähnlichkeit.

Bei allen Völkern und aus allen Zeiten ließe sich die Liste erweitern. Manchmal hat ein Tipp zum Aussterben ganzer Tierpopulationen geführt. Das Rhinozeros leidet bis heute seines Stoßzahns wegen unter dem Aberglauben, während sich die Biber allmählich erholen: das Bibergeil scheint zu unappetitlich und folglich vergessen. Nur noch ein Mittel sei erwähnt, das ganz aus dieser Reihe zu fallen scheint. Rabelais empfiehlt zur Erholung der erotischen Kraft den Smaragd (»Elle a vertu errective«). Wer mit so Wertvollem kommt, braucht sich um die Wollust keine Sorgen zu machen.

Nicht alles Gold, was glänzt

Man kennt die Alchemie im Allgemeinen als magische oder wenigstens als Geheimkunst. Ihr Ziel ist das ›große Werk‹: die Umwandlung unedler Metalle in Gold. Aber es kann nicht verwundern, dass bei all diesem Experimentieren auch schlichtes Wissen entstand. Im alten Ägypten, das wahrscheinlich zu Unrecht als Wiege der Alchemie gilt, ist in den Tempelschmieden seit dem 4. Jahrtausend v. Chr. Gold verarbeitet worden. Aus Nubien, was ›Goldland‹ bedeutet, kam das Begehrte in so großen Mengen, dass sich Umwandlung erübrigte.

Erst in späteren Zeiten der Verknappung verlegte man sich auf ›künstliche‹ Herstellung von Gold, aber immer noch nicht im Sinne der Umwandlung. Voran geht die Fälschung. Sie muss nicht als Betrug auftreten. Wenn riesige Figuren oder ganze Wände ›golden‹ erstrahlen sollten, genügte Vergoldung – eine Technik von hoher Kunstfertigkeit. Auch Edelsteine wurden auf diese Weise aus Glas nachgeahmt. Genauso war es bei wertvollen Farben wie Purpur, wofür man ansonsten unendliche Mengen von Schnecken benötigte. Vor der Alchemie existierte also eine Chemie, eine Technik auf hohem Niveau. Die *Al*chemie entsteht später in Griechenland und es spricht manches dafür, dass diese Entstehung mit ›theoretischen‹ Überlegungen zum Aufbau der Natur zusammenhängt.

Mit dieser Theorie muss jedenfalls früh das Versprechen der Umwandlung einhergegangen sein. Wenn man Plinius im 1. Jahrhundert n. Chr. vertraut, geht das Sprichwort »Es ist nicht alles Gold, was glänzt« auf ein gescheitertes Goldmacherexperiment unter

149

Kaiser Caligula zurück. Die Jagd war jedenfalls eröffnet, die Betrüger traten auf den Plan. Wobei niemand mehr sagen kann, von wem die Alchemie mehr profitierte: von ehrlichem Bemühen um die Enträtselung der Natur oder von gierigen Profiteuren. Ehe die Alchemie *wieder* Chemie wurde, schillerte sie in allen Farben, wobei die Verbindung mit der Astrologie bzw. astrologischer Dämonenlehre für die dunkelste Seite ihrer Entwicklung sorgte.

Der Höhepunkt des *runs* auf das ›große Werk‹ lag in der Zeit, als die Fürsten für Protz und Krieg am meisten auf Geld angewiesen waren: im 18. Jahrhundert. Betrüger auf Betrüger macht sein Glück oder wird enttarnt. Selbst der aufgeklärte und knauserige Alte Fritz öffnete seine Schatulle für Experimente. August der Starke ließ den Apothekengehilfen Johann Friedrich Böttger im Gefängnis an der Goldherstellung arbeiten und bekam im Jahre 1710 etwas, was beinahe mehr wert war: das Porzellan, das weiße Gold. Zugrunde mag Alchemistenerfahrung gelegen haben, das Ergebnis fußt auf reiner Chemie – der Verbindung von Kaolin und Feldspat unter sehr hoher Temperatur.

Es war also nicht alles Gold, was glänzte, aber gelegentlich kam Überraschendes heraus. Eine andere Art von Überraschung sei zum Schluss erwähnt. Am Anfang der (Al)Chemie ging es nicht nur um Metall oder Steine. Es ging auch um die Herstellung von kosmetischen Artikeln für die Damenwelt: Rouge für die Wangen und Schwarz für die Augenbrauen. Auch bei den Damen war nicht alles Gold, was glänzt.

Quintessenz

Je weniger man von Physik versteht, desto größer die Ehrfurcht angesichts der Theorien über die Entstehung der Welt. Am Anfang also doch kein Wort, sondern der Urknall! Sehr heiß, jedoch wohl kaum sehr laut, weil es den Schall noch gar nicht gab. Nicht einmal Elemente waren da. Die entstanden später – vom Wasserstoff bis zu den rasch zerfallenden Kunstprodukten, insgesamt 112. Wer in der Schule halbwegs aufgepasst hat, weiß auch, was man unter einem Element versteht: ein ›Stoff‹, der chemisch nicht weiter zerlegbar ist. Zerlegen kann man so etwas nur mit Physik. Goldherstellung wäre kein Problem, nur zu teuer.

Wenn das Platon gewusst hätte! Aber dumm war der nicht. Er brachte es immerhin auf vier Elemente, aus denen alles bestehen sollte. Die Welt ist sichtbar und betastbar. Von daher ergeben sich die beiden Elemente Feuer und Erde. Um sie mischen zu können, bedarf es der Übergänge: Das Feuer ›verdichtet‹ sich zur Luft, die Erde ›verflüssigt‹ sich zu Wasser. Damit beginnt der ewige Kreislauf der Umwandlungen, der uns so chaotisch erscheint und doch von höchster ›Einfachheit‹ ist. Aristoteles hat das übernommen, aber nach Philosophenart umgemodelt. Die gleichen Elemente ergeben sich für ihn aus den verschiedenen Bewegungsarten. Das Feuer steigt nach oben, die Erde sinkt nach unten. Im Himmel gibt es die einzig ideale Bewegungsform, den Kreis, der in sich selbst zurückkehrt. Danach setzt sich unsere schöne Erdkugel aus den zwei Hauptelementen Erde und Feuer (mit Wasser und Luft als deren jeweiligen ›Gegensätzen‹) zusammen, während oberhalb der Kugel ein ›unfassliches‹ fünftes Element vorhanden ist, die Quintessenz.

Wenn es doch nur dabei geblieben wäre! Aber sofort entstanden Schulen, die sich mit der rigorosen Trennung von oben und unten nicht abfanden. Das göttliche Urfeuer der Quintessenz brenne nicht fernab, sondern durchdringe die Welt, hieß es. Die Realität sei erfüllt von dieser ›Vernunft‹, die alles mit allem aufgrund von Sympathie und Antipathie in Beziehung setze. Damit war die Magie in die ›Naturwissenschaft‹ eingezogen, besonders die Alchemie. Aristoteles hatte die Umwandlung von Metallen noch mit dem Argument abgelehnt, dass jedes Metall seine eigene ›Wesensform‹ besitze – moderne Physik in ziemlich schiefer Terminologie. Als Albertus Magnus im Mittelalter gegen die Alchemie kämpfte, hat er genau dies zitiert.

Aber die Suggestivität einer vagabundierenden Quintessenz muss größer gewesen sein. Ausgerechnet der Begriff, mit dem Aristoteles die Physik ›magiefrei‹ halten wollte, hat die Magier aller Zeiten beflügelt. Johannes von Rupescissa schrieb im 14. Jahrhundert ein ganzes Buch zum Thema und fand die Quintessenz zum Schluss – im Alkohol. Paracelsus, umständlicher und weniger menschenfreundlich, doziert in immer neuen Anläufen über die Gewinnung der Quintessenz aus den ›unreinen‹ Elementen. Der himmlische ›Stoff‹ würde alle Wunder ermöglichen, die Verwandlung von Blei in Gold wie die Verlängerung des Lebens ins Unendliche. Aber wir kennen das Ende: Paracelsus fand die Quintessenz nicht. Heute ist sie rehabilitiert, aber reichlich abgespeckt – als das auf einen Punkt gebrachte Ergebnis einer langatmigen Debatte.

Elektronisch

Im frühen 18. Jahrhundert berichtet ein Gegner der Alchemie mit dem klangvollen Namen Tharsander über eine Art *dernier cri* der Zunft. Es handelte sich um eine Uhr, aber ohne das gewohnte Ziffernblatt. Statt Zahlen waren sämtliche Buchstaben des Alphabets eingetragen. Der Zeiger drehte sich nicht ruhig im Kreise, sondern sprang von Buchstabe zu Buchstabe, um Botschaften zusammenzusetzen. Als Sender fungierte ein gleicher Apparat, auf dem jemand diese Buchstaben aussuchte. Wie der Empfangsapparat diese Botschaften ›empfing‹, war klar: mit Hilfe von ›Sympathie‹. Beide Nadeln waren magnetisch, die Apparate selbst aber aus einem ganz besonderen Stoff: aus Elektron. Eine ›elektronische‹ Apparatur eben.

Tharsander berichtet kopfschüttelnd, aber nicht unbeeindruckt. Was er anzweifelte, war lediglich die Kraft dieses eigenartigen Metalls, von dem er ganz genau wusste, woraus es bestand. Es war das Metall der Metalle, weil es sich um eine Legierung *aller* Metalle handelte: Gold, Silber, Kupfer, Eisen, Zinn, Blei und Quecksilber. Genau sieben – wie die Planeten. Schon früh spielt es in der Alchemie eine herausragende Rolle. Sein Name stammt von jenem *natürlichen* Elektron, dem es nicht nur der Farbe nach so sehr gleicht: dem Bernstein mit seiner magnetischen Eigenschaft.

Die Alphabetuhr gehört dabei schon ans Ende der Experimente mit dem Metall der Metalle. Ein kleines Büchlein *Über das Elektron*, das Paracelsus zugesprochen wurde, aber nur Gedanken von ihm weiterspinnt, zählt Wunder über Wunder auf. Als Ring getragen, befreie es von Krämpfen, Epilepsie oder Schmerzen aller Art. Nebenbei vertreibe es böse Geister, die der Kraft der Planeten nichts entgegenzusetzen haben. Weiter ist von Glocken aus Elektron zu hören, die mit ihrem Geläute Geister herbeiriefen, natürlich auch Menschen. Eine von dem Zauberer Vergil angefertigte Glocke dieser Art soll am Artushof einst die Ehebrecher und Ehebrecherinnen so erschreckt haben, dass sie sich von einer Brücke in den Tod stürzten.

All dies, und das ist wichtig, kommt nicht durch dämonische Hilfe oder dergleichen zustande, sondern ist ganz ›natürlich‹, verdankt sich lediglich der Eigenschaft dieses sympathetischen Planeten-Metalls. Was so viel Kraft von oben bezieht, muss auch unten Kräfte freisetzen. Das Interessante liegt eigentlich darin, dass dies besonders auf Kommunikation angewendet wurde. Die Glocke, die Buchstabenuhr! Kaiser Rudolph II. soll Glöckchen aus Elektron besessen haben, mit denen er Geister rief – rief!

Wer einmal in München durchs Siemens-Museum geht, wird nach diesen Informationen wie gebannt vor einem Apparat stehen bleiben, der vom Gründer des Hauses 1846 gebaut wurde: dem elektromagnetischen Zeigertelegraphen. Er ist nicht aus Elektron, hat dafür Kabel, in denen statt Sympathie elektrischer Strom fließt, der den Zeiger springen lässt. Siemens arbeitete damals in Konkurrenz zu Morse. Morse verschlüsselte die Buchstaben in Punkte und sorgte dafür, dass sie am anderen Ende aufgeschrieben wurden – also keine ›Uhr‹, kein Zeiger. Ob Siemens das ›elektronische‹ Vorgängermodell kannte und sich nicht davon losreißen konnte?

Besser unverständlich?

Die Wissenschaft ist schwer zu verstehen – wer hätte nicht schon darunter gelitten? Aber es gibt auch einen Verdacht: Wer Wissenschaft betreibt, hat vielleicht Gründe, sich in Dunkel zu hüllen. Wer weiß schon, was das Mitgeteilte wirklich wert ist, wenn man es denn verstünde? Klappern gehört bekanntlich zum Handwerk. Vielleicht auch Nebel zum Denken? Es gibt dafür ein interessantes Vorbild: die mittelalterliche Alchemie. Wenn etwas an der Alchemie bis heute die Wissenschaft bestimmt, dann diese Seite.

Nein, keine Pauschalverdammung! Ein Kenner der Materie könnte – mit Recht – auf die *Summa perfectionis* hinweisen, ein Werk über die Goldmacherkunst. Dort sind nüchtern und ausführlich die Metalle und die Prozesse ihrer Verarbeitung beschrieben. Dann ist vom Goldmachen die Rede. Aber das Geheimnis und das Geheimnissen war verbreiteter. Nehmen wir die Schrift eines arabischen Autors, der im 9. oder 10. Jahrhundert ›griechisches‹ Wissen zusammenfasste, das über die üblichen Wege und Umwege in lateinischer Übersetzung ins Abendland gelangte: die *Turba philosophorum*, die »Versammlung der Philosophen«, immerhin gedruckt noch im Jahr 1572.

Das Arrangement des Werkes ist überraschend: Unter den Philosophen sind Sokrates und Platon, nur der Leiter ist etwas verdächtig: Pythagoras. Sie alle sollen etwas zum Thema der (Metall)Verwandlung sagen und tun dies auch. Uns interessiert der zweite Aspekt, der zur Einladung geführt hat: die Befreiung der Lehre von unverständlicher Terminologie. Insbesondere mit den Decknamen für die verwendeten Materialien sei es schlimmer und schlimmer geworden. Niemand verstehe niemanden mehr. Und nur deshalb, weil ›Neider‹ ihr Wissen für sich behalten wollten. Man fragt sich unwillkürlich, warum heute niemand eine solche Versammlung einberuft.

Beim Lesen wird man allerdings arg enttäuscht. Es geht so, wie es heute genauso gehen würde: gute Vorsätze, aber schlechte Ergebnisse. Archelaos redet von ›immerwährendem Wasser‹ und ›Goldblüte‹, die aus umgewandeltem Silber hervorgegangen ist und mit ›Ethelia‹ getränkt sein will. Darauf hagelt es Protest und Pythagoras verspricht, mit gutem Beispiel voranzugehen, indem er seine Vorstellungen entwickelt. Darin ist von ›Milch‹ die Rede, die Quecksilber bedeutet, von ›Kalk‹ und ›Marmor‹, worunter man wahrscheinlich Schwefel und Quecksilber zu verstehen hat. Schließlich soll man das ›Gummi von der Akazie‹ verwenden. Wer nicht weiß, dass dies auf jeden Fall Quecksilber meint, versteht nichts. Wenn später Xenophanes das Quecksilber als ›Essig‹ anspricht, ist die Konfusion komplett.

Das tun uns moderne Chemiker nicht mehr an. Aber bei der Chemie mag es ja auch hingehen, wenn wir nichts verstehen. Schon ärgerlicher, wenn Ärzte von chemischem Wissen Gebrauch machen und uns damit einnebeln. Im 18. Jahrhundert hat ein Autor gemutmaßt, mit solcher Art von Unverständlichkeit wollten die Ärzte uns Vertrauen einflößen, denn mit Vertrauen beginne die Gesundung. Besser also unverständlich? Na, dann versteht man manches besser!

Wahrsagung

Bauernregeln

»Kräht der Hahn auf dem Mist, so ändert sich das Wetter oder es bleibt, wie es ist« – eine schöne Verunglimpfung. »Die Bauernregel muss nicht zutreffender sein als der Wetterbericht, aber sie ist unterhaltsamer« – eine Ehrenrettung? Könnte es jenseits von Spitzfindigkeit und Spottlust so sein, dass lange Erfahrung dem kühl rechnenden Computer vielleicht doch das Wasser zu reichen im Stande ist?

Wenn es denn Erfahrung wäre! Die eigentliche Überraschung liegt darin, dass den Kern der Bauernregeln Prognostiken bilden, die kaum auf Erfahrung gründen können. Nehmen wir die *Bauernpraktik* von 1508. Es ist die älteste gedruckte Zusammenfassung dieser Art von Wissen, die in immer neuen Erweiterungen bis ins 18. Jahrhundert aufgelegt wurde. In ihr geht es um die Prognose des Jahreswetters aus dem Zwölfnächteglauben, der Zeit zwischen Weihnachten und Heiligendreikönig. All dies fußt auf antikem, ja babylonischem Neujahrsglauben. Schon immer hat man aus den Sternzeichen zu Jahresbeginn das Wetter ›hochgerechnet‹. Im Vorderen Orient mochte das angehen, weil es nicht viel zu prognostizieren gab: entweder Regen oder Dürre – mehr Alternativen existierten nicht.

Da aber, wo es wesentlich größere Überraschungen gab, bei den Römern etwa, blieb man beim Prinzip und reicherte es an. Die Zeichen nahmen zu, Donner und Wind zum Beispiel, auch das Verhalten von Tieren. Vergil hat in seinen *Georgica*, dem »Landleben«, das damals Gängige auf etlichen Seiten zusammengetragen: Blitze im Norden samt Donner im Osten bringen Regen. In die Täler flüchtende Kraniche oder Ameisen, die ihre Eier verlegen, ebenfalls. Mädchenhaft geröteter Mond lässt die Winde anschwellen. Sein unverschleiertes Horn bringt bestes Wetter. Fleckige Sonne, wolkenverhangen, deutet auf Regen. Erhebt sie sich jedoch bleich vom safrangoldenen Lager, verhagelt es den Wein. Schade, dass man es hier nicht in den klangvollen lateinischen Hexametern wiedergeben kann. Und genau das kehrt in Mittelalter und früher Neuzeit wieder – als *Bauern*regeln.

Schön, es ist einiges dazugekommen. Kein deutscher Bauer hat etwas mit dem safranfarbenen Lager von Aurora, der Sonne, anfangen können. Auch die Verse wurden holpriger (»Wenn es im Westen blitzt, blitzt es nicht um nichts«). An der Methode aber hat dies wenig geändert. Es handelt sich um Trost, nicht Erfahrung: Trost, dass man alles im Griff hat, dass es ganz schlimm nicht kommen wird (wie schon einmal: in der Sintflut), dass es immer Zeichen gibt, ehe etwas passiert. So wandert dieses ›Wissen‹ denn in die mündliche Tradition, ins Hausbuch à la *Bauernpraktik*, in den *Hundertjährigen Kalender*, aus dem die Berliner Akademie der Wissenschaften 1779 vergeblich das allzu Astrologische herauszufiltern versuchte.

Ob es nicht doch zwischen der Spreu auch Weizen gibt? Könnten nicht wenigstens Sprüche wie der stimmen, von dem das Internet um die 200 zusammengetragen hat: »Ist Ambrosius schön und rein, wird St. Florian dann milder sein«? Vorsicht! Ambrosius fällt auf den 4. April, Florian auf den 4. Mai – aber nach dem gregorianischen Kalender. *Vor* 1582 wären zwölf bzw. dreizehn Tage hinzuzuaddieren.

Traumdeutung

Dass Träume Botschaften enthalten, dass wir aus ihnen etwas über sonst Verborgenes erfahren können, findet sich in allen Kulturen. Bemerkenswert auch die Übereinstimmung in der Deutung. Man hat sich immer an Analogien, Assoziationen, Ähnlichkeiten gehalten. Die sieben fetten und die sieben mageren Kühe im Traum des ägyptischen Pharao bezog Josef auf die kommenden sieben fetten und sieben mageren Jahre. Dies führte zur Lagerhaltung und bei Eintreffen des Vorhergesagten zur Rettung der Ägypter samt Aufstieg des Vorhersagers. Im Traumbuch des sonst wenig bekannten Artemidoros aus dem 2. Jahrhundert n. Chr. kann man zu allen geträumten ›Gegenständen‹ deren Bedeutung nachschlagen, wobei der Verfasser nach dem Stand des Träumers sogar Alternativen anbietet. Gold etwa verheißt einem König etwas anderes als einem armen Schlucker.

Dagegen protestierten die Aufklärer immer mit einem schlichten Argument: Wissen stützt sich auf bestimmte Gründe, Ähnlichkeiten gibt es (zu) viele. Dem Läufer, der träumte, er sei zum Adler geworden, soll nach Cicero der eine Traumdeuter den Sieg verkündet haben, weil kein Vogel schneller fliege. Der andere die Niederlage, weil der Adler andere Vögel jage und deshalb zuletzt ankomme. Cicero berief sich bei den Träumen übrigens auf eine natürliche Erklärung, die schon Aristoteles gegeben hatte. Träume resultieren aus »festsitzenden ›Überresten‹ der Gegenstände, mit denen sich die Seele in wachem Zustand handelnd oder denkend befasst« hat.

Als Sigmund Freud zur großen Überraschung der Wissenschaft das Thema wieder aufgriff, hat er einerseits an die Theorie vom ›Überrest‹ angeschlossen, andererseits eine Deutung eingeführt, die die alten ›Ähnlichkeiten‹ völlig anders angeht. Nicht der Arzt könne diese Ähnlichkeiten deuten, sondern nur der träumende Patient selbst. Zwar sei der Traum auch dem Träumer zuerst einmal rätselhaft, weil er sich unbewusste Wünsche erfülle, diese jedoch zugleich mit seinem zensierenden Bewusstsein unkenntlich mache. Bei Einbeziehung der Biographie des Träumers ließen sich die richtigen Analogien jedoch hervorziehen.

Ein Fortschritt also gegenüber Artemidoros, der nur den Stand berücksichtigte, vom Unbewussten keine Ahnung hatte. Und in der Praxis? Artemidoros verkündete einem Feldherrn, der von einem auf einem Schild tanzenden Satyr geträumt hatte, er werde Tyros erobern (griechisch *sa Tyros* bedeutet »sein Tyros«). Freud verriet einer Patientin, die, obwohl nie in Italien gewesen, im Traum *gen Italien* fuhr, dass sie ihre sexuellen Wünsche (*Genitalien*) unterdrücke. Artemidoros wäre vielleicht vor Neid erblasst. Oder er hätte einfach ein neues Stichwort eingerichtet: Länderkunde für Frustrierte.

Ein hartes Los

Die Wahl von Samuel zum ersten König der Israeliten kam durch Losen zustande. Auch bei der Wahl des Apostels Matthias als Ersatz für den Verräter Judas wusste man sich nicht anders zu helfen. Noch heute fallen mehr Entscheidungen auf diese Weise, als man denkt. Wenn es keine Kritcrien für die Wahl gibt, erscheint das Losen als das gerechteste Verfahren.

Dabei kann man das große Los ziehen, aber wie steht es mit einem harten? Von Anfang an gab es neben dem Losen als Entscheidungshilfe in unübersichtlichen Situationen das Losen als Zukunftsschau, das wahrsagerische Los. Statt um Entscheidung nach dem Prinzip Zufall geht es genau umgekehrt um Gewissheit über das Schicksal. Harmlos der Fall, wo man nicht weiß, was man tun soll und eine Bibelstelle aufschlägt, die das Richtige anweist. Augustinus hörte eine Stimme, die ihm dies befahl und fand prompt etwas über die Schändlichkeit, sein Leben mit Fressen und Saufen zu verbringen. Das Ergebnis ist bekannt – der spätere Heilige ging in sich.

Für einfache Menschen gab es andere Methoden. Die bekannteste ist die Punktierkunst, Unterabteilung der Geomantie oder Wahrsagetechnik aus bzw. mit Erde. Man setzt sich dabei am besten in den Sand und markiert mit dem Finger Punkte. Es müssen so viele sein, dass man die Orientierung verliert. Dann zählt man nach und stellt fest, ob die Anzahl gerade oder ungerade ist. Hat man dies viermal hintereinander ausgeführt, bekommt man eine Figur, die die Abfolge von gerade und ungerade festhält. Möglich ist also ungerade, ungerade, ungerade, ungerade – was, jeweils als ein Punkt untereinander geschrieben, wie ein Weg aussieht und deshalb »Weg« heißt. War der zweite Versuch gerade, was zwei Punkte nebeneinander ergibt, heißt die Figur »Mädchen«. Wer sie zeichnet, erkennt rasch, warum. Insgesamt ergeben sich sechzehn Möglichkeiten.

Und nun kann das eigentliche Losen beginnen. Es existiert nämlich ein passendes Buch, in dem Fragen formuliert sind. Die ermittelte Figur führt jeweils zu einer Antwort. Interessant, was man sich so alles gefragt hat. Nach der Länge des Lebens, nach Erbe, Schwangerschaft, Krankheit. Auch nach den Aussichten, gestohlenes Gut zurückzuerhalten, oder nach dem Ausgang einer gefährlichen Reise. Ganz zum Schluss aber steht die Frage aller Fragen: nach dem Glück in der Liebe. Niemand ist in der Welt, der dich so lieb hat, lautet eine Lösung. Aber auch: Diese Liebe erweist sich als ein Gift, von dem du dich niemals erholen wirst. Ein hartes Los eben.

Mädchen oder Junge?

Es gibt Dinge, die man gerne wissen möchte, *bevor* sie offenbar werden. Klar, dass in alten Zeiten die Magie nachgeholfen hat. Wird es ein Mädchen oder ein Junge? Klar auch, dass dafür Zeichen existierten. Aber was für Zeichen? Wenden wir uns an eines der verbreitetsten Bücher des Mittelalters: an Konrads von Megenberg *Buch der Natur*, geschrieben bzw. aus einer lateinischen Vorlage ins Deutsche übersetzt in den Jahren von 1349 bis 1350. Man muss noch wissen, dass Konrad Doktor der Theologie und am Regensburger Dom Kanoniker, also nicht verheiratet war. Nachdem sich dieser Gelehrte zuerst mit dem menschlichen Körper und seinen Organen befasst und uns dabei unter anderem über seine Vorliebe für gekräuselte Augenbrauen beim weiblichen Geschlecht unterrichtet hat, geht es zunächst um die Zeichen der Schwangerschaft.

Das erste Zeichen ist die erfolgreiche Vereinigung der Samen von Mann und Frau (wirklich auch von der Frau – das war Allgemeingut!). Das zweite Zeichen versteht man nur, wenn man weiß, dass mit der Wünschelrute ein nicht unwichtiger männlicher Körperteil gemeint ist – er soll am ›Kopf‹ trocken werden. Beim anderen Körper schließt sich ein gewisser ›Mund‹ so dicht, dass nicht einmal mehr eine Nadelspitze hineinpasst. Der ausbleibende Monatsfluss ist das vierte Zeichen, das elfte Brechreiz, das fünfzehnte betrifft die gelbe Verfärbung der Pupille – dazwischen liegt einiges, was man getrost übergehen kann.

Nicht schlecht, denkt man vielleicht und blättert interessiert weiter. Dort heißt es dann, dass der Same zu einem Jungen aus dem rechten ›Gezeuglein‹ kommt, weil die rechte Seite ›hitziger‹ ist, und sich mit dem Muttersamen auf deren rechter Seite vereinigen muss. Nach dem getanen ›Werk‹ soll sich die Frau, wenn sie denn einen Jungen haben will, zur rechten Seite drehen. Links-links-Kombinationen führen also zu einem Mädchen, was noch angeht. Rechts-links-Kombinationen ergeben noch problematischere Nachkommen, nämlich weibische Männer.

Falls man all das bei der Zeugung nicht beachtet hat und hinterher wissen will, was es denn nun wird, ist ebenfalls Rat. Bei einem Jungen ist die angehende Mutter weniger blass und ihre rechte Brust größer als die linke. Die Brustwarzen sind geröteter, der Bauch ist runder. Ein Junge regt sich nach drei Monaten, ein Mädchen erst nach vier. Beim Gehen hebt die mit einem ›Knäblein‹ Gesegnete den rechten Fuß stets zuerst und stützt sich beim Aufstehen auf die rechte Hand. Das Auge wird sanfter, dafür die Abwehr des Mannes im Ehebett heftiger. Das 16. und letzte Zeichen betrifft die einschießende Muttermilch: sie ist bei einem Jungen dicker.

Man ist geneigt zu glauben, dass der gute Konrad sein Keuschheitsgelübde streng befolgt hat, also wirklich ahnungslos war. Allerdings stützt er sich ja auf seine Vorlage und hält es nur für überflüssig, dieser zu misstrauen. Bei der Geschichte vom Mann im Mond, die er vorfand, zeigt er Zähne und lehnt so Fabulöses ab. Bei Schwangerschaft und Geburt lässt er sich einen Bären nach dem anderen aufbinden. Da sind Urintest und Ultraschall doch wirklich ein Fortschritt.

Heiratsvermittlung

Nein, nicht um Liebe geht es, es geht um Ehe. Nach beidem haben sich die Menschen immer gesehnt. Und wenn es eines Beweises dafür bedürfte, dass Liebe und Ehe jedenfalls früher zweierlei war, dann liefert ihn die Geschichte der Magie. Es gibt jeweils eigene Formen des Zaubers bzw. der Zeichendeutung. Der fast ganz und gar vergessene Patron der Eheanbahnung war der hl. Andreas, der als Erster berufene Apostel. Wer ihn nicht zu kennen glaubt, kennt ihn indirekt dennoch, weil er sonst durch die Verkehrsprüfung fallen würde. Das schräg gestellte Kreuz, an dem der Apostel den Märtyrertod erlitten haben soll, ist (in doppelter Ausfertigung) als Andreaskreuz unter die Verkehrszeichen aufgenommen worden und steht als Warnsignal an jedem Bahnübergang.

Merkwürdig diese heutige Kombination von Andreas und Mahnung zur Vorsicht. Am Andreastag, dem 30. November, besser noch: in der Nacht zuvor, war früher alles eher auf Wagnis gestellt. Man wollte erfahren, wer der bzw. die ersehnte Zukünftige sein werde. Und nicht nur um Wissen ging es, auch um praktische Nachhilfe, um alsbaldige Herbeiführung – insofern ist Andreas wirklich ein Heiratsvermittler. Die Träume der Nacht wurden eifrig geprüft und abgesucht nach Hinweisen, nicht ohne den großen Heiligen am Abend zuvor am Bett kniend um Beistand gebeten zu haben. Friedrich von Logau, ein bekannter Barockdichter, hat es hübsch in Verse gebracht: »Wann St. Andreas-Abend kümt, pflegt jeder, der sich will beweiben, / Auch die, die sich bemannen will, ein hitziges Gebet zu treiben.«

Bemannen und beweiben also! Es sind allerhand Hilfsmittel zur Verfügung gestellt. Man soll zum Beispiel andächtig einen Apfel essen, um anschließend den Zukünftigen zu sehen. Auch nackt in einen Schornstein zu schauen, wird empfohlen. Oder sich allerlei Dinge wie Getreide, Saatgut oder Zettel unters Kopfkissen zu legen. Weiter wird das Fegen der Stube oder festliches Tischdecken vorgeschlagen, auch dies möglichst nackt, um den Zauber zu bekräftigen. Hühnern beim Körnerpicken zuzusehen, in welche Richtung sie sich bewegen, dürfte zu den eher unpräzisen Methoden gehört haben.

Die Frage ist zuletzt: warum Andreas? Die Antwort lautet: Zu dieser Zeit beginnt der Advent und damit das neue Kirchenjahr. Die Andreasnacht ist also eine Art zweite Neujahrsnacht. Und Neujahr gilt als die wichtigste ›Losnacht‹ überhaupt. Wie an Neujahr das ›Los‹ des Jahres hinsichtlich Glück und Unglück im Allgemeinen ›gesehen‹ wird, so in der Andreasnacht dieses spezielle ›Los‹: die Ehe. Andreas ist also letztlich nur zufällig an seine Rolle als Heiratsvermittler gekommen. Ganz ähnlich, wie er zum Warner an Bahnübergängen geworden ist. Ein Diagonalkreuz sieht man eben gut.

Kaffeesatzlesen

Der eine oder andere Leser wird sich freuen: kein Rückgriff auf die alten Römer oder noch weiter zurück in die Geschichte. Diesmal genügt das 16. Jahrhundert, in dem der Kaffee aus dem arabischen Raum nach Europa kam. Sobald das schwarze Gift aus den relativ vornehmen Kaffeehäusern in die bürgerlichen Stuben geschwappt war, beginnt das Lesen in seinem Satz bzw. die Auslegung der Figuren, die sich in ihm bildeten. Schöne schwarze Ornamente, Fäden und Flächen, bei jeder Tasse ein neues Bild – vor Erfindung des Filters natürlich. Wieso sollte das nichts bedeuten, wo immer alles etwas bedeutet hatte?

Jedenfalls verbreitete sich sprunghaft die Kunde von dieser neuen Art der Wahrsagung. Die Pariser Damenwelt könnte Vorreiter gewesen sein. Gewerbliche Weissagerinnen traten auf, aber viel interessanter ist die Laienkunst. Wo Damen beim Kaffee sitzen, fehlt es zwar nicht an Gesprächsstoff. Doch der bezog sich bis dato auf Vergangenes. Jetzt eröffneten sich Aussichten in die Zukunft. Zuerst nur fader Alltagsaberglaube beim Kaffee an sich. Man bekomme eine böse Schwiegermutter, wenn einem neuer Kaffee in alten zugegossen werde – so etwas hatten die Männer beim Bier oder Wein längst ausgeheckt. Auch, dass Schaum Geld bringe, klingt mehr als banal, zumal es fast nicht möglich ist, beim Eingießen Schaum zu vermeiden. Die wahre Kunst beginnt eben mit dem Satz.

In einer Schrift aus dem Jahre 1777 mit dem schönen, aber auch verräterischen Titel *Das Grab des Aberglaubens* ist das Verfahren ausführlich, wenn auch in abenteuerlichem Stil und Orthographie, beschrieben: »Die Wahrsagerin schüttet das Oberschälchen ohngefähr halb voll dicken Coffee, und schwinget dasselbe dreymal, nicht mehr und nicht weniger, in die Runde herum, damit der Coffeesatz sich überall ansetze. Diejenige, welche am sichersten gehen wollen, hauchen nach dieser Schwingung dreymal in die Tasse hinein, weil zu vermuthen ist, der weissagende Odem einer solchen begeisterten Person werde die Theilgen des Coffees in der Tasse in bedeutende Figuren zusammenordnen. Wenn dieses geschehen: setzt sie die Tasse verkehrt auf einen Tisch, damit der Coffee ablauffe. Sie rückt alsdenn die Tasse noch zweymal fort, damit zu drey verschiedenenmalen der nichts bedeutende Coffee herauslauffe, und die wahrsagende Theile des Coffees ganz allein in der Tasse hangen bleiben. Endlich nimmt sie die Tasse in die Höhe und sieht hinein …«. Jetzt lichtet sich dem Blick die Zukunft, fällt das Urteil über arm oder reich, über das Geschlecht eines zu erwartenden Kindes und was sonst alles.

Eine wahrhaft ästhetische Kunst, diese Kaffeemantie, wie sie ehrfurchtsvoll genannt wurde. Wer schon einmal die berühmten Chladnischen Figuren gesehen hat, die entstehen, wenn stehende Wellen auf geschwärzten Metallplatten ihre Knotenlinien hinterlassen, kommt auf einen nahe liegenden Gedanken. Ernst Florens Chladni, der Physiker, der als Hobby 1787 seine berühmten akustischen Experimente anstellte, muss bei einer Tante oder Oma das Kaffeesatzlesen beobachtet haben. Womit einmal mehr der Beweis erbracht ist, dass die Wissenschaft aus dem Aberglauben entstanden ist. Aber das haben wir ohnehin gewusst.

Jucken in der Hand

»Mir juckt die Hand.« – »Freu dich, das gibt Geld.«
Wohl jeder hat den kleinen Dialog schon einmal mit-
bekommen. Selbst die Abergläubischeren unter den
Abergläubischen dürften dabei kaum an eine Erfüllung
denken. Ein Sprichwort eben: Volksmund ohne Bedeutung. Wer so denkt, irrt. Es handelt sich eben nicht
um Volksmund, sondern um Aberglauben auf hohem
Niveau, gelehrt und angewendet von Spezialisten.
Bleibt noch hinzuzufügen, dass diese Lehren ziemlich
weit verbreitet sind. Bei den Eskimos kommen sie
ebenso vor wie bei den alten Peruanern.

Das Rätsel löst sich vielleicht mit dem Hinweis, dass
die juckende Hand der letzte Rest einer Wahrsagung
aus dem Gliederzucken darstellt. Der Universalgelehr-
te Poseidonios legte im 1. Jahrhundert v. Chr. im Rah-
men einer Systematisierung der Magie eine Darstellung
vor. Sie ist verloren gegangen, hat aber Nachfolger gefunden, die sich auf diese Technik spezialisierten. Eines
dieser Zuckungsbücher aus der Zeit der Spätantike
hat sich erhalten. Es enthält 187 Hauptgruppen und
kommt mit sämtlichen Untergruppen auf annähernd
1000 Einzeldeutungen. Dabei kann natürlich so ziemlich alles am Körper zucken: von der Stirne über die
Augen bis zum Fuß. Und mitten darunter die Hand.

Das Prinzip ist also einfach, nur eben in dieser Aus-
differenzierung Sache des Fachmanns bzw. der Fach-
literatur. Nehmen wir das Auge, das neben der Hand
wohl das einzige Überbleibsel dieser Art von Wahrsagung darstellt. Es gibt das rechte und das linke Auge,
die Sortierung nach vormittags und nachmittags, die

Unterscheidung nach Geschlecht und sogar Stand der Person. Nachmittags bedeutet das Zucken zum Beispiel Ärger im Haushalt, in jedem Fall Unglück, was immer noch besser ist als bei den Augenbrauen, die den Tod verkünden. Vielleicht ist heute auch noch die juckende Nase bekannt: Hier gibt es Neuigkeiten, einen Brief oder sogar einen Kuss. Und was steht bei der Hand? Eben: Geld! Vertieft man sich etwas in die näheren Ausführungen, kann auch Regen und Unwetter herauskommen. Vielleicht sollte man sich noch merken, dass mit der rechten Hand Ausgaben verbunden sind, mit der linken Einnahmen. Also, bitte, immer mit der linken zucken!

Was sagt die Tradition? Augustinus nennt die Prozedur bei seiner Aufzählung von »höchst sinnlosen Beobachtungen von Zeichen« an erster Stelle. Die deutschen Prediger des 15. Jahrhunderts geben die Technik als ›Springkunst‹ wieder und regen sich pflichtgemäß über jeden auf, der sie anwendet. Angeblich soll die Lehre noch im letzten Jahrhundert in einigen östlichen Ländern gedruckt worden sein. Volkstümlich geworden ist also nur ein sehr bescheidener Anteil. Wirklich volkstümlich war demgegenüber immer ein Glaube, der leicht verwandt erscheint: das Ohrenklingen. Schon in der Antike sagte man, es werde in diesem Augenblick über den Betroffenen geredet. Die einzige kleine Unterscheidung: beim rechten Ohr bedeutet das Klingen die Wahrheit, beim linken Lüge. Viel interessanter indes die empfohlene Gegenwehr: Man berühre das Ohrläppchen mit Speichel und der Übelredner bekommt Durchfall.

Von den Sternen zur Stirn

Im 18. Jahrhundert lebte in Zürich ein Pfarrer, dessen Name in aller Welt bekannt wurde: Johann Kaspar Lavater. Aber nicht theologische Werke begründeten seinen Ruhm, sondern eine höhere Art von Hobby. Lavater war davon überzeugt, dass man den menschlichen Charakter an seinem Gesicht ablesen könne. Nur dürfe man sich dabei nicht auf die alte Physiognomik mit ihren vagen Vermutungen stützen. Vielmehr müsse man modernste erfahrungswissenschaftliche Methodik anwenden: Instrumente, Messung, Datenauswertung. Und die Grundidee klingt faszinierend: Wenn nichts in der Welt »ohne zureichenden Grund« geschieht, muss auch das Innere sich im Äußeren abdrücken. Dem aufbrausenden Sanguiniker tritt das Blut ins Gesicht – spekulieren wir nicht über die Röte als Sinnbild der Erregung, sondern halten wir fest, dass Erregung ein körperlicher Vorgang ist, der sein Zeichen produziert.

Und suchen wir nach weiteren Zeichen. Im Falle der Torheit etwa bedarf es des Ganges in ein »Thorenspital«. Lavater zeigt in allen Einzelheiten, wie Zeichen sich über Versuch und Irrtum entdecken lassen. Jedes Ergebnis muss der Realität erneut ausgesetzt werden, einfach ist diese Wissenschaft nicht. Die Zeichen der Intelligenz studiert Lavater an Porträts wie denen von Montesquieu und Newton, um sich dann mit dem gewonnenen Wissen an die Analyse von Unbekannten zu wagen. Es geht um die Bildung eines eigenen Vokabulars für die Unterschiede. Und es müssen die Partien des Körpers gefunden werden, die am besten zum Sprechen zu bringen sind. Dabei kommt die Schattenlinie des Kopfes heraus, die den unveränderlichsten Teil darstellt und prompt eine Mode auslöst: den Scherenschnitt.

Man muss Lavater zugestehen, dass er alles Menschenmögliche zur Fundierung seiner Theorie getan hat. Die *Physiognomischen Fragmente* von 1775–78 umfassen vier Folianten, übrigens unter der Mitarbeit zahlreicher bekannter Persönlichkeiten, darunter Goethe. Aber das Unternehmen erfuhr außer begeistertem Zuspruch auch harsche Kritik. Selbst für hausfrauliche Qualitäten sind ›sichere‹ Zeichen angegeben, ja für diejenigen in der Küche sollten es andere sein als im Waschhaus. Auch wenn Lavater ausdrücklich betont, es gehe ihm um den »Charakter« und nicht um »die zufälligen Schicksale des Menschen«, hat man ihm vorgeworfen, alten Aberglauben fortzusetzen. »Jetzt sind es Zeichen an der Stirn, die man deuten will, ehemals waren es Zeichen am Himmel«, notiert Georg Lichtenberg und vergleicht das Ganze mit der Suche nach dem Stein der Weisen. Nicht, dass das physiognomische Urteil unnatürlich wäre. Wir urteilen tatsächlich ständig so. Nur: wir täuschen uns dabei ständig.

Woran liegt dies? Nach Lichtenberg an der Tatsache, dass Grund und Folge in der Physik gilt, für das Reich der Materie, nicht aber für das Verhältnis von Materie und Geist. Man kann vielleicht bei einem Apfel sehen, dass er faul ist, kaum bei einem Menschen. Das beste Gegenargument liegt im Umkehrschluss. Wenn eine platte Nase Schadenfreude ›bedeuten‹ soll, dann müsste jemand schadenfroh werden, der sich die Nase platt drückt. Das hat noch niemand beobachtet.

Im Brustton der Überzeugung

Schon immer waren Menschen von anderen Menschen
enttäuscht. Und schon immer gab es das Bemühen,
solche Enttäuschung zu vermeiden. Es muss doch Zeichen geben, an denen man den wahren Charakter erkennt, eine Kunst, die Oberfläche zu durchdringen,
um zum Kern vorzustoßen. Viel versprach man sich
vom Sichtbaren, vom Körper insgesamt, vom Gebaren.
Von Anfang an gehörte dazu jedoch auch die Stimme:
ihre Klangfarbe, Beweglichkeit, besonders ihre Tonhö-
he. Sprich – damit ich dich sehe! Nicht noch einmal
will ich mich in einem Menschen täuschen.

Aber wie die Zeichen finden? Aristoteles dachte an
den Vergleich mit Tieren. Tiere verstellen sich nicht,
haben einen eindeutigen Charakter. Löwen zum Beispiel sind tapfer, Hasen feige. Löwen haben aber auch
große Füße, Hasen kleine. Wie, wenn große Füße ein
Zeichen wären und entsprechend ebenfalls bei Menschen auf Tapferkeit deuteten? Aristoteles erwog es,
war sich in anderen Fällen sicherer. Hochherzige hätten einen langsamen Gang und eine tiefe Stimme. Wem
weniges wichtig sei, der pflege sich weder zu übereilen
noch seine Stimme anzustrengen. Im Gegensatz zu den
Füßen also einleuchtende Analogien.

Sie sind in der Antike in allen Einzelheiten ausge-
baut worden. In der großen Schrift zum Thema von
unbekannten Schülern des Aristoteles, den berühmten
Physiognomica, findet man ebenfalls noch eine erhöhte
Sensibilität, ja Warnung vor allzu voreiligen Schlüssen.
Bei den Tieren gebe es Widersprüche, heißt es, und
manches Merkmal sei bloß vorübergehend. Wenn ein-

mal gesagt wird, dass harte Haare ein Merkmal für Tapferkeit darstellten, so ist ausdrücklich betont, dass sich dies bei allen Tieren zeige. Im Falle der Stimme ist es auf jeden Fall schwieriger. Einen Zusammenhang von tiefer Stimme mit Tapferkeit bezeugen außer dem Löwen auch noch Stiere, Hunde und Hähne. Als Gegenbeispiel fungieren unter anderem Hirsche und Hasen – hatten die Vertreter dieser Theorie da wirklich genau hingehört?

Aber es war ohnehin schon zu spät: Irgendwie hat Aristoteles das Schicksal der Stimme entschieden. Jeder Politiker bemühte sich fortan darum, tief zu sprechen: im Brustton der Überzeugung. Falsett galt von vornherein als unglaubwürdig, womit man sich über weibliche Politiker gar nicht erst Gedanken machen musste. Wie praktisch, aber auch wie voreilig! Was sollte ein guter Politiker machen, dem die Natur eine hohe Stimme gegeben hat? Im 19. Jahrhundert brachte es ein solch Unglücklicher sogar zu europäischem Ruhm: Bismarck, die fistelnde Katastrophe. Damals achtete man bereits weniger auf die Stimme als auf Weitblick und Durchsetzungsvermögen. Ob der stimmschwache Reichskanzler auch noch kleine Füße hatte?

Aus der Hand gelesen

Auch der Aberglaube geht mit der Zeit. In den Fuß-
gängerzonen der Großstädte machen Astrologen Werbung für Beratungsgespräche, nicht ohne Hinweis auf
wissenschaftliche Grundlagen und Computereinsatz.
Einfacher und schneller arbeiten die Spezialisten der
Handlesekunst, die man abends auf den Boulevards
trifft. Rasch die Hand hingestreckt, ein prüfender
Blick mit hochgezogenen Augenbrauen – und schon
folgen Prognosen über Geld oder Liebe, über Lebens-
zeit oder auch konkrete Wünsche. Ob in Tokio oder
New York, in Berlin oder in Zürich: Bezahlung ist
Verhandlungssache, billig wird es meist nicht.

Das System ist im Prinzip einfach. Die Haut bildet
wundervolle Linien und damit Ansätze einer Interpretation, die sich wie immer gerne auf Analogien stützt.
Schon im Mittelalter hat man damit ganze Bücher ge-
füllt. Eine Handlinie, die wie ein Schustereisen aussieht, deutet auf den zukünftigen Schusterberuf. Bei
Einfügung in einen Kreis sogar auf eine Ausübung des
Berufs in Armut. Ein Hammer wird in Beziehung zum
Schmiedehandwerk gesetzt. Ein Galgen zeigt an, dass
der Kandidat einst gehängt wird. Auch noch spektaku-
lärere Auslegungen sind möglich: Es gibt Zeichen für
künftige Ehebrecherinnen, für Unkeuschheit mit Knaben. Sogar ein Zeichen für eine Frau, die sich auf dem
Kirchweg von ihrem Bruder beschlafen lässt.

Wem dies nicht genug war, machte Anleihen bei der
Astrologie. Der Daumen steht dann für die Venus, der
Zeigefinger für Jupiter und so fort. Um auf die Siebe-
nerzahl der Planeten zu kommen, werden auch die In-

nenflächen einbezogen. Dann kann man das Horoskop des Probanden in die Analyse einbauen. Der berüchtigte Cocles, ein italienischer Magiespezialist zur Zeit der Renaissance, brachte es auf einen sechsteiligen Folianten zum Thema, in dem die praktischen Ratschläge allein 300 Kapitel ausmachen.

So genau wollen es heutige Großstädter nicht mehr wissen. Und so genau wird es ihnen auf der Straße auch nicht gesagt. Dabei gibt es mittlerweile eine ganz andere Methode, aus der Hand oder jedenfalls aus einem Teil von ihr zu lesen. Prognosen sind damit zwar nicht gegeben, aber für die Zukunft sieht es meist düster aus. Gemeint ist der Daumenabdruck, der nach den Entdeckungen von Francis Galton seit dem Ende des 19. Jahrhunderts Gesetzesbrechern das Leben erheblich erschwert hat.

Handgeschrieben

Das Internet enthält eine ganze Menge zum Thema Graphologie, zum Glück auch Kritisches – »Falsches Vertrauen in die ›Klaue‹«. Das Motto ebendort: Graphologie ist so signifikant wie Lesen im Kaffeesatz. Recht so! Gut auch, dass Beispiele aufgezählt werden für eklatante Fehleinschätzungen. Wie diejenige in einer amerikanischen Show, wo ein Graphologe fünf Frauen fünf Berufen zuordnen sollte und exakt die Wahrscheinlichkeitsquote erreichte: ein einziger Treffer. Und gut auch der Hinweis darauf, dass 85% der großen europäischen Unternehmen bei Einstellungen trotzdem Handgeschriebenes verlangen und graphologisch beurteilen lassen – von derzeit etwa 600 allein in der Bundesrepublik praktizierenden Graphologen.

Leisten wir uns trotzdem eine etwas andere Art der Betrachtung: die Graphologie als Beispiel für das Weiterleben uralter Gedanken. Denn diese ›Kunst‹ findet sich in bester Gesellschaft. Sie entstammt der Physiognomik, der Lehre von der Deutung des Charakters aus äußeren Zeichen. In der Antike beginnt es, im Mittelalter geht es weiter. Als die Katholische Kirche zur Zeit der Gegenreformation gegen zu viel Aberglauben vorging, um den Protestanten den Wind aus den Segeln zu nehmen, ließ sie ausdrücklich nur noch die Physiognomik als Methode der Wahrsagung gelten. Dann kam in der Aufklärung noch einmal ein Aufschwung. Und schon damals regte sich der Verdacht, dass neben Gesicht und Stimme, neben Haltung und Gebärden auch die Schrift den Charakter verraten könnte.

Aber der Erfolg rief die Gegner auf den Plan und

das 19. Jahrhundert als Jahrhundert der aufsteigenden Naturwissenschaften war nahe daran, dem Spuk ein Ende zu bereiten. Bis zum Jahre 1910. Damals erschien das Buch eines heute Vergessenen, das Furore machen sollte: Ludwig Klages' *Die Probleme der Graphologie*. Nachdem der Körper gewissermaßen ausgeschöpft war, dieses erneute Aufbäumen mit der Handschrift. Ein allerletztes Mal der Versuch, aus einem Stück Körperausdruck den Charakter abzulesen. Und als Trumpf die Unverwechselbarkeit, die amtlich anerkannt ist in der Unterschrift.

Klages ging dabei durchaus nicht ungeschickt vor. Er verwarf ältere Versuche, allzu direkt Schreibmerkmale mit Charakterqualitäten zu identifizieren. Stattdessen entwickelte er komplizierte Merkmalgruppierungen, die insgesamt etwas aussagen sollten. Darüber hinaus zog er Grenzen. Nicht zu identifizieren seien Geschlecht, Alter, Beruf und Kriminalität. Wohl aber Fleiß, Ehrgeiz, Vitalität – vielleicht versteht man jetzt die Personalchefs bei der Lufthansa oder der BASF. Dabei verwies Klages ausdrücklich auf einen Unterschied zur Wissenschaft und deren Ideal methodischer Exaktheit. Klages betonte die Notwendigkeit der Intuition. Auf dieser Basis traute er sich Urteile zu wie »heimlicher Ehrgeiz und unrastvolle Neuerungssucht« oder die Charakterisierung eines Probanden als »aufwieglerischer Menschheitsbeglücker« und »leidenschaftsloser Richter in fremder Sache«.

Nur eine bescheidene Frage am Ende: Wer würde zu einem Arzt gehen, der seine Diagnose auf Intuition gründete? Oder sich in ein Flugzeug setzen, in dem der Kapitän statt nach Instrumenten nach Gusto flöge?

Die schwache Stelle der Wahrsagung

Man kennt die alten Römer als ein Volk von Erobe-
rern, als selbstbewusst und handlungsstark. Aber dies
gilt nur für die *Ausführung* ihrer Taten. Bei der *Pla-
nung* waren sie eher Angsthasen. Nichts unternahmen
sie, ohne zuvor den Willen der Götter zu befragen.
Eine eigene Priesterschaft, die Auguren, studierte den
Vogelflug. Die etruskischen Beschauer prüften die Le-
ber von Opfertieren. In Notzeiten wurden wiederum
von einem besonderen Priesterkollegium die Sibyllini-
schen Bücher befragt, welche Sühneleistungen notwendig seien, um das Schicksal zum Guten zu wenden.
All dies galt für das öffentliche Wohl, den Staat. Für
private Zwecke gab es Astrologen und Wahrsager aller
Schattierungen. Als Cäsar mit Pompeius kämpfte, ließ
sich dessen Sohn die Aussichten von einer Hexe aus
dampfenden Eingeweiden lesen. Das erfolgreichste aller Völker das abergläubischste?

Nicht ganz! Als sich Cicero dem Thema in einem
Buch mit dem Titel *Über die Wahrsagung* stellte, vertritt sein Bruder im fiktiven Streitgespräch das Pro.
Der beginnt mit der Normalstrategie der Wahrsa-
gungsbefürworter bis heute: erdrückend viele Beispiele
sich erfüllender Prophezeiungen. Nach Gründen solle
man nicht fragen, weil sich alles außerhalb des Rationalen abspiele, heißt es ebenfalls typisch. Im Übrigen
sei es mit der Wahrsagung so wie mit der Arztkunst.
Natürlich komme es auch einmal anders als erwartet,
schätze ein Arzt eine Krankheit falsch ein. Aber wer
wolle deshalb auf die Arztkunst verzichten? Gleiches
gelte für die Steuermannskunst: Wer wolle deshalb,

weil ein Steuermann sich einmal beim Wetter ver-
schätzt habe, keine Seereisen mehr machen?

Cicero selbst als Vertreter des Contra lässt sich damit jedoch nicht übertölpeln. Nicht nur, dass er die
Berichte über Eingetroffenes skeptisch beurteilt. Gerade der Vergleich mit Ärzten und Steuermännern zeigt
seiner Meinung nach die schwache Stelle der Wahrsagung: Wenn ein Arzt eine Krankheit falsch beurteile,
so beruhe deren Entwicklung auf einer Gesetzmäßig-
keit, die der Arzt eben nicht erkannte. Die Krankheit
musste sich so entwickeln. Gleiches gilt für den Steuermann, der etwa eine Wolke am Himmel für den Vor-
boten von schönem Wetter statt Sturm hielt. Auch hier
eine notwendige Entwicklung, die nur nicht erkannt
wurde. Darin liege bei der Wahrsagung über den Weltlauf der entscheidende Unterschied. Im Weltlauf gebe
es den Zufall. Zufälliges lasse sich jedoch nicht voraus-
sehen. Wer es trotzdem versuche, werde vielleicht zufällig das Richtige treffen – oder das Falsche.

Den Rest gibt Cicero jedoch dem Bruder mit seinem
gefürchteten Witz. Wahrsagungen müssen sich auf etwas stützen und tun dies gewöhnlich auf Analogien.
Fliegen die Vögel nach links, bedeutet es Unglück,
nach rechts Glück, weil rechts und links eben Entspre-
chendes ›bedeuten‹. Was aber dann, wenn im Hause
die Mäuse Platons Buch *Über den Staat* annagten?
Müsse man sich dann Sorgen um den Staat machen?
Und wenn sie gar Epikurs *Über die Lust* zerfräßen?
Stiegen dann die Fleischpreise?

Zeichen und Zeiten

»Gesundheit!«

Zusammenleben ist schwierig, zur Erleichterung dienen Rituale. Wir begrüßen Ankommende, wir entschuldigen uns bei denen, die wir unabsichtlich gestoßen haben. Immer geht es um Entspannung, um Vermeidung von Reibereien. Aber warum in aller Welt wünschen wir einem Niesenden Gesundheit? Ein vernünftiger Grund scheint jedenfalls nicht vorzuliegen. Der Niesende strotzt womöglich vor Kraft, und Niesen selbst ist auch nicht gerade gefährlich. Aber es gibt einen Grund: Niesen ist ein Zeichen! Abergläubische rechnen damit, dass sich Böses ankündigt – eben im Niesen. Deshalb also seit alters das vorsorgliche »Gesundheit!« Es gibt noch kompliziertere Varianten dazu. Wer beim morgendlichen Schuheanziehen niesen muss, solle sich am besten gleich wieder ins Bett legen, heißt es. Aus *dem* Tag werde ohnehin nichts.

Augustinus berichtet dies als Beispiel für puren Unsinn, genau wie die vielen anderen Zeichen, die angeblich Böses ankündigen. Wenn zwei Freunde nebeneinander hergehen und zufällig ein Stein zwischen sie gerät, soll man diesen wegstoßen, damit die Freundschaft nicht gefährdet wird. Das gleiche gilt, wenn sich etwa ein Kind zwischen die Freunde drängt. Man soll es ohrfeigen. Schwieriger, wenn es statt eines Kindes ein Hund ist. Den soll man treten. Nur könnte anschließend der Biss schlimmer sein als der Schaden für die Freundschaft. So weit der sarkastische heilige Augustinus.

Überhaupt Tiere! Begegnungen mit ihnen bedeuten immer etwas. Kräftige Exemplare wie Katzen, Bussarde und sogar Schlangen galten als gutes Zeichen; Hasen, Mäuse oder Raben, die Schwächlinge, waren immer ein schlechtes. Allerdings macht es viel aus, ob sie einem rechts oder links begegnen, vor oder hinter einem, morgens oder abends. Bei einer Krähe bedeutet es etwas anderes, wenn sie sitzt oder fliegt, geschwätzig ist oder still, sogar in welcher Haltung sie auf den Ellbogen des Vorübergehenden blickt. Auch die Anzahl, besonders die überraschend große, hat ihre Deutung. In den Niederlanden hat man 1573 das schlechte Wetter und die kriegerischen Auseinandersetzungen mit den ungeheuren Schwärmen von Schmetterlingen in Zusammenhang gebracht, die kurz zuvor beobachtet wurden.

Viele Zeichen also und schwer, sich darin auszukennen! Spötter haben dies schon immer zum Anlass genommen, ihre Scherze zu treiben. Augustinus zitiert nach seinen Bemerkungen zum Niesen den alten Cato. Den soll jemand gefragt haben, was es bedeute, dass die Mäuse seine Schuhe angefressen hätten. Catos Antwort lautete: Er halte dies nicht für besonders aussagekräftig. Interessanter sei der Fall, wenn es umgekehrt gewesen wäre.

Mit dem Finger auf jemanden zeigen

Unter den neun großen Fresken zur Schöpfungsge-schichte, die Michelangelo in der Sixtinischen Kapelle gemalt hat, ist die Erschaffung Adams wohl das be-rühmteste. Festgehalten ist die Sekunde des Erwa-chens, ausgelöst durch Berührung. Gottvater streckt seinen Zeigefinger weit aus nach dem Zeigefinger des noch lässig wie im Schlaf Daliegenden – schon schlägt er die Augen auf. Gerade dem modernen Betrachter leuchtet die Gebärde ein. Sie erinnert ihn an einen elektrischen Schaltkreis – nur der Funke fehlt.

Aber auch in der Entstehungszeit Anfang des 16. Jahrhunderts konnte wohl jeder mit der Darstellung etwas anfangen. Der ausgestreckte Zeigefinger gehört zu den zahlreichen Gebärden der Hand, die seit der Antike bekannt waren und den Alltag bestimmten. In ihr drückte sich eine Übertragung von Kräften aus. Noch heute kennen wir die Mahnung, nicht mit dem Finger auf jemanden zu zeigen. In diesem Fall wird die Übertragung der Kraft vom Gezeigten auf den Zeigen-den gefürchtet. Besonders bei Leidtragenden galt die Gebärde als gefährlich, weil sie das Leid anzieht. Kin-dern versuchte man sie abzugewöhnen, indem man sagte, sie erstächen mit ihr einen Engel.

Heute kennt man die Fingersprache eher in Resten, unter denen sich die obszönen Gebärden – man denke nur an den Mittelfinger – am besten gehalten haben. Gut bekannt ist noch die Schwurhaltung. Bei einfa-chen Gelöbnissen wurde *ein* Finger hochgehalten, bei wichtigen drei: Daumen, Zeige- und Mittelfinger. Im Schweizerdeutsch heißt ›schwören‹ bis heute »d' Finger ufhebe«. Meineidigen wurden die Schwurfinger abgehauen, worauf auch die Beteuerung zurückgeht: »Ich will drei Finger verlieren, wenn …«.

Sieht man genauer hin, findet sich noch Versteckteres. ›Rübchen schaben‹ gehört dazu, die alte Spott- oder Verhöhnungsgebärde, die zuletzt von Kindern geübt wurde. Man streicht mit dem gestreckten Zeigefinger der rechten Hand lebhaft über den ausgestreckten Zeigefinger der linken. Ein Schnippchen schlagen, mit den Fingern knipsen, ist demgegenüber nur noch als Redeweise im Gebrauch. Auch das Durch-die-Finger-Sehen in der Bedeutung von ›nachsichtig sein‹ gehört zu diesen halb untergegangenen Gebärden, obwohl gerade von dieser berichtet wird, sie habe früher zu den häufigsten gehört.

Ganz und gar ins Gegenteil verkehrt hat sich schließlich die Gebärde, etwas aus den Fingern zu saugen. Wir kennen sie nur noch spöttisch, auf jeden Fall negativ. Aber sie hat einmal ganz anderes bedeutet. Nach Plutarch nährte Isis ein Kind dadurch, dass sie ihm statt der Brust einen Finger reichte. In der jüdischen Sage soll Abraham nach seiner Geburt in der Höhle durch den Engel Gabriel ebenfalls aus einem Finger genährt worden sein. Aus einem Finger Kraft zu saugen, ist auch in mittelalterlichen Marienwundern bezeugt.

Zu Ende zu erzählen sind allerdings die Gebärden in ein paar Zeilen nicht, selbst wenn man sich dafür wiederum auf eine bekannte Variante berufen würde: Wer dem Teufel den kleinen Finger reicht …

Vom Teufel sprechen

»Wenn man vom Teufel spricht ...« – jeder weiß, was gemeint ist, obwohl es eigentlich heißen muss: »Wenn man den Teufel nennt, kommt er gerennt.« *Nomen est omen*, »der Name ist ein Zeichen, bedeutet etwas«, lautet eine andere Version unseres Glaubens an die Kraft von Namen. Wo die Vorstellung geschwunden ist, dass Wörter und Dinge durch ein natürliches Band verknüpft sind, bleibt doch eine letzte Bastion: Dieses besondere Wort, der Name, ist *nicht* zufällig. In ihm steckt etwas vom Benannten, so dass man ihn mit dem Namen beinahe in der Hand hat: »Wenn man den Teufel nennt ...«.

Immer war die Wahl des Namens entsprechend wichtig. Teils sollte der Name von einem Vorbild profitieren oder einen verstorbenen Familienangehörigen wiedererstehen lassen. Teils wollte man keinen Fehler machen und nahm den Tagesheiligen wie die Eltern von Martin Luther. Hatte man einen Glück verheißenden Namen gefunden, wurde er in extremen Fällen sämtlichen Brüdern bzw. Schwestern gegeben und die Unterscheidung per Nummerierung getroffen. Besonders beliebt waren Adam und Eva, weil diese Namen langes Leben versprachen. Die Griechen und Römer kannten demgegenüber regelrechte Ekelnamen, die auf Abwehr von neidischen Dämonen abzielten. Turpilio gehört dazu, bekannter wohl Aischylos, was in beiden Fällen so viel wie ›der Hässliche‹ bedeutet. Ganz ausgestorben ist die merkwürdige Sitte bis heute nicht, wenn etwa ein besonders zartes Kind auch noch ›Spinnchen‹ genannt wird. Schließlich kann man mit dem Namen eine Art Programm oder Bekenntnis ablegen. In Italien weiß man gleich, dass ein Cesare oder Hannibale aus einer nicht besonders kirchentreuen Familie stammt.

Interessant ist auch die Phase *vor* der Taufe. Der Name soll in dieser Zeit nicht genannt, nicht verraten werden. Stattdessen gab es früher Ausweichnamen bis hin zum poetischen Pflanzenstielchen oder Rosenblättchen. Aber auch im weiteren Leben besteht immer Gefahr, ja geht sie erst richtig los. Im Liebeszauber, der ja meistens ein Liebeszwangzauber war, spielt es eine Rolle. Das Schicksal des Polyphem in Homers *Odyssee* beruht darauf, dass man ohne oder mit dem falschen Namen nicht weiter kommt. Auf den Hilferuf: »›Niemand‹ hat mich geblendet«, kommt natürlich keiner. Besser bekannt der Fall von Rumpelstilzchen, wo die arme Königin umgekehrt mit dem Herausfinden des Namens frei wird und das hässliche Wesen sich vor Wut selbst in Stücke reißt.

Wie wichtig der Name ist, zeigt schließlich seine Änderung. Paulus wollte partout nicht mehr Saulus heißen, als er sein Leben gründlich umstellte. Mönche, Nonnen und sogar der Papst nehmen ebenfalls einen neuen Namen an und können diesmal ihr Lebensprogramm selbst hineinlegen. Dass Frauen bei der Eheschließung heutzutage den Namenswechsel nicht mehr ohne weiteres mitmachen, besagt demgegenüber wenig: Hier handelt es sich um den Zu-, eben nicht um den ›richtigen‹ Tauf- bzw. Vornamen. Natürlich besitzen auch Zunamen Bedeutung. Aber was besagt es schon, dass die Vorfahren von Michael Schumacher Schuhe gemacht haben?

Rote Haare

Mit Mitteln gegen Haarausfall kann man ein gutes Geschäft machen. Das ist nicht neu. Eine gesunde Haarpracht galt immer viel, gerade bei den besonders bedrohten Männern. Schon im Alten Testament setzt es Spott bei Kahlköpfigkeit. Auf dem Balkan soll dies ein Heiratshindernis gewesen sein. Mit der Drohung, der Urin der Fledermäuse lasse die Haare ausfallen, konnte man einmal Kinder bei beginnender Dunkelheit ins Haus holen. Sklaven und Sträflinge schor man. Samson verlor mit dem Haar seine Manneskraft.

Im Mittelalter hielt man mangelnden Haarwuchs bei Männern für eine Folge einer gewissen Weibischkeit. Bei Kastraten sei sie typisch – und bei gewissen Formen von Unkeuschheit. Entsprechend die Gegenwehr. Es wimmelt förmlich von Haarwuchsmitteln in der einschlägigen Literatur. Von Rindsmark, Ochsenpfotenfett und Bergamottöl ist in den apokryphen Büchern Mosis die Rede. Sogar aus einem lebendig verbrannten Maulwurf wird eine Salbe gewonnen. Woher das Fett von Krokodilen kommen soll, bleibt ein Rätsel. Und nicht nur fehlende Haare, auch zu kurze waren ein Problem. Mädchen aßen für lange Haare freiwillig die Sehnen des Rindfleischs. Auch Vergraben von ein paar eigenen Haaren in Verbindung mit kletterstarkem Hopfen muss ein beliebtes Hausmittel gewesen sein.

Ganz anders die Deutung der Haare im Allgemeinen und ihrer Farbe im Besonderen! Seit der antiken Physiognomik gehört der Punkt in die Charakteristik eines Menschen. Glattes Haar verweist auf Furchtsamkeit, krauses auf Kühnheit. Unkeuschheit hat ihr sicheres Zeichen an zu vielen Haaren: besonders am Bauch und auf der Brust. Wie Schweinsborsten aufgerichtete Haare deuten wieder auf Furcht. Noch interessanter die Besonderheiten wie zum Beispiel das Löckchen über der Stirn, das Selbstmord ankündigt, oder das ›Nest‹ auf dem Kopf als Zeichen von Gelehrsamkeit.

Am allerinteressantesten aber ist die Farbe. Schon vor Erfindung der Blondinenwitze gibt es das ›dumme Blondchen‹ neben der ›kühlen Blonden‹. Viel schlimmer war natürlich das rote Haar. Alles Rote ist mit Feuer und Blitz verbunden, also mit äußerst unangenehmen Naturerscheinungen. Seit der Antike, und zwar bei Heiden, Juden, Christen, überall dasselbe Bild: Rote Haare sind verpönt. Den Rothaarigen ist nicht zu trauen, sie sind falsch wie Judas, der für viele den Prototyp abgibt. Unzählbar die Sprichwörter wie: »Erlenholz und rotes Haar / ist aus gutem Grunde rar.« Natürlich spielt dies beim Hexenwahn eine Rolle. Schon rot umränderte Augen verrieten angeblich die Missetäterin, rote Haare sowieso.

Nur einmal in der Geschichte scheint es umgekehrt gewesen zu sein. Als Tacitus in seiner *Germania* von den rothaarigen und auch sonst äußerst attraktiven Germaninnen schwärmte, griffen sämtliche vornehme Römerinnen zur Pomade, um genauso auszusehen. Caligula ließ sogar die armen Gefangenen aus dem Norden, die er im Triumphzug mitführte, insgeheim rot färben, damit sie als ›Germanen‹ durchgingen. Mode macht eben alles möglich.

Hochzeit

Es gibt wohl kein Fest, an dem auch heute noch so viel Abergläubisches praktiziert wird wie bei der Hochzeit – und sei es als Folklore. Der Grund liegt auf der Hand: ohne richtige Hochzeit keine richtige Menschheit. Entsprechend die Hoffnungen und Ängste, die sich ihre Bahn in magischen Handlungen suchten.

Schon die Zeichen vorweg sind überreichlich. Zerbricht ein Mädchen beim Nähen die Nadel, wird es heiraten, ehe das Kleid abgetragen ist. Träume kündigen den zukünftigen Partner an. Bei einer Hochzeit ist diejenige die nächste Braut, die den hinterrücks über den Kopf in die Luft geworfenen Strauß auffängt. Und schlimm, wenn man ledig blieb. Starb ein junger Mann vorzeitig, ging eine schwarz verkleidete ›Braut‹ mit im Totengefolge. Mädchen, die als Bräute starben, tanzten angeblich so lange auf Kreuzwegen, bis der Bräutigam ihnen ins Grab gefolgt war.

Lassen wir das Unglück! Die ganze Hochzeit steht im Zeichen des Glücks, das freilich beschützt sein will. Schon der (ziemlich junge) Polterabend legt dafür das Fundament, indem die bösen Geister wie immer mit viel Lärm vertrieben werden sollen. Ein ängstlicher Bräutigam verlässt zwei Wochen lang vorher das Haus nicht, um keine Impotenz angehext zu bekommen. Erst recht darf er die Braut nicht in ihrem Staat sehen. Alles muss einmalig, einzigartig sein, besonders das Brautkleid. Auch beim Brautkranz ist darauf zu achten, dass er so frisch wie möglich ins Haar kommt. Hinterher wird er freilich verdorrt aufbewahrt wie die

Strümpfe und die Schuhe. Nur das Brautband darf recycelt werden: als Windel für das erste Baby.

Bei der Hochzeit selbst geht es dann um die Zukunft. Schlaue Bräute haben ein Geldstück des Mannes in ihrem rechten Schuh, damit dieser sein Geld später nicht für sich behalten kann. Kräuter steckt sie sich aus anderem Grund in die Tasche: »Ich habe Hanf und Dille. / Wenn ich rede, schweigst du stille.« Vor späterem Hungerleiden schützte Bewerfen oder Bestreuen mit Getreide aller Art – heutzutage muss es Reis sein. Nicht nur satt, sondern auch glücklich werden die Brautleute, wenn der Hochzeitskuchen gut aufgeht, der Trauring nicht zur Erde fällt oder gar schon vorher getragen wurde. Das Wetter muss manierlich sein, wozu man die Katze gut füttern und die Braut den Quirl nicht ablecken soll.

Und der Zeitpunkt? Hier liegt eine Überraschung für alle, die es heutzutage richtig machen wollen. Die unglücklichsten Ehen werden nach ältester Anschauung im Mai geschlossen (»Im Maien gehen Huren und Buben zur Kirche«). Beliebt war dagegen immer die Zeit um Fastnacht, am beliebtesten der Fastnachtsdienstag. Als wenn man schon damals geahnt hätte, dass es mit dem Saus und Braus rasch vorbei ist.

Ausgeblasene Geburtstagskerzen

Bräuche sind in unserer schnelllebigen Welt fast das Einzige, was auf lange Tradition zurückblickt. Meistens. Ein seltenes Gegenbeispiel ist das Ausblasen der Geburtstagskerzen.

Vielleicht vorweg die wohl für viele überraschende Mitteilung, dass das Feiern des Geburtstages dem ursprünglichen Christentum völlig fremd war. Als es von den heidnischen Römern langsam einsickerte, nörgelte der große Origines im 3. Jahrhundert, dass im ganzen Alten und Neuen Testament nur Gottesfeinde wie Herodes und der Pharao ihren Geburtstag feierten. Natürlich war dies zwecklos. Die Christen feierten, und sie feierten so, wie man fast alle Feste feiert: mit Licht. Jedes Kind bis mindestens vierzehn fand also an diesem wichtigen Tag erstens einen Kuchen und zweitens eine Kerzenparade mit genauso vielen Kerzen wie Lebensjahren – plus eine dicke Kerze in der Mitte als Lebenslicht. Und dann auspusten? Nichts war verbotener. Die Kerzen mussten von alleine ausgehen, wenn es nicht Unglück, ja den Tod bedeuten sollte.

Man versteht dies, wenn man sich klar macht, wofür die Kerzen standen. Es geht immer um Licht gegen Finsternis, um das Gute gegen das Böse. Zu allen wichtigen Festen gibt es die entsprechenden Lichterbräuche. In der Advents- und Weihnachtszeit waren sie schon lange obligatorisch, bevor der Weihnachtsbaum kam. In der Osternacht dreht sich viel Liturgie um die Osterkerze. An St. Martin tragen die Kinder auf ihren Umzügen das Licht durch die Straßen. Und die Reihe der Lichter bei Festen ist noch längst nicht erschöpft. Bei der Taufe kommt die Taufkerze und bei vielen Hochzeiten dient die Taufkerze der Braut wieder als Hochzeitskerze. Natürlich haben auch die Toten ihre Lichter. Früher zündete man im Sterbezimmer die erste Kerze an. Dann kommen die am Grab. Vor allem an Allerheiligen, wo sich die Friedhöfe in kleine Flammenmeere verwandeln.

Man könnte wohl noch mehr aufzählen. Das Licht ist eben ein ungeheuer nahe liegendes Symbol für das Leben, entspricht irgendwie dem göttlichen Funken, der die Seele ausmacht. Wie bedeutend all dies gerade für die Christen wurde, zeigt das Fest Mariä Lichtmess am 2. Februar, an dem die Kerzen für das ganze kommende Jahr geweiht werden. Man hat sich mit diesen Kerzen gegen Hexen genauso wie gegen Gewitter und Hagelschlag zur Wehr gesetzt. Was lag also näher, als auch am Geburtstag Kerzen anzustecken und eine kleine Zeremonie zu veranstalten. Aber warum bläst man sie heute aus, während sie jahrhundertelang gerade nicht ausgeblasen werden durften?

Immerhin sieht man sofort, dass auch das Ausblasen nicht ganz beliebig ausgeführt werden darf. Die Kerzen müssen mit *einem* Atem aus sein. Es gilt zwar nicht gerade als lebensbedrohlich, aber doch als ungünstig, wenn eine übrig bleibt. Dies war *auch* ein Brauch, der sich dann gegen den lange Zeit gebräuchlicheren durchgesetzt hat, weil er vielleicht spektakulärer aussieht. Einem anderen alten Brauch, der ebenfalls aufgegeben wurde, trauert demgegenüber wohl niemand mehr nach: Das Geburtstagskind wurde tüchtig verprügelt, damit später das Fleisch im Grabe besser faulen könne.

Schwarzer Freitag

Viel Abergläubisches stammt aus der heidnischen Antike. Der Freitag, besonders natürlich der dreizehnte, mit seiner Bedeutung als Unglückstag ist einmal ein echtes Gegenbeispiel. Bei den Römern galt der Freitag als Glückstag: Es war der Tag der Venus, *dies Veneris*, wie es noch im französischen *vendredi* oder italienischen *venerdì* gut durchklingt. Aber die Christen verbanden mit dem Freitag etwas anderes: den Tod des Heilands – das konnte nur Unglück bringen. Napoleon begann keine Schlacht, Bismarck schloss keinen Vertrag an einem Freitag. Heute denken die meisten wohl eher an den Schwarzen Freitag vom 25. Oktober 1929 an der New Yorker Börse. Schon zwei Jahre zuvor war ein ähnlicher Absturz auf einen Freitag, sogar einen Dreizehnten, gefallen – den 13. Mai.

Der Glaube an Unglückstage ist tief verwurzelt. Früher galt nicht nur jeder Freitag als gefährlich. Ein Jahr, das mit einem Freitag begann, konnte insgesamt nur fürchterlich werden – so wie das Unwetterjahr 1926. An einem Freitag geborene Kinder waren Unglückskinder. Wenigstens sollte man Kinder nicht an einem Freitag taufen oder sie zum ersten Mal in die Wiege legen. Hochzeit am Freitag hielten höchstens gefallene Mädchen. Eine Freitagsleiche zog angeblich die nächste nach sich. Lediglich in der Volksmedizin hat der Freitag eine gute Bedeutung, weil er von Krankheit ›frei‹ mache. Bestimmte Wurzeln sollen also an einem Freitag ausgerupft werden. Das getrocknete Auge eines am ersten März-Freitag geschossenen Hasen kann gar gegen Erblindung helfen.

Allerdings waren nicht nur die Freitage Unglückstage. Wie ein dichtes Netz zogen sich die schlechten Zeiten durchs Jahr. Auf jedem Wochenmarkt konnte man Kalender mit den zweiundvierzig Unglückstagen kaufen. Gebildetere bedienten sich des höheren Alters wegen bei den geheimnisumwitterten ›ägyptischen Tagen‹. Auch sämtliche Montage, Mittwoche und Freitage bringen schon deshalb Unglück, weil sie die ungeraden Tage der mit dem Montag beginnenden Woche darstellen. Wenn noch alle Tage hinzukommen, in denen die 7 steckt, jeder 7., 17. und 27. im Monat, dazu jeder Wochentag, auf den im Januar das Fest der unschuldigen Kinder gefallen war, kommt man allmählich auf flächendeckendes Unheil. Nur selten wird ein Fall erläutert wie etwa der 14. Juli, an dem Kain seinen Bruder Abel erschlagen haben soll.

Und all dies galt nur für die ›normalen‹ Betätigungen. Beim Aderlass waren zahlreiche Termine eigener Art zu vermeiden. Am Liebfrauentag (25. März) oder am Andreastag (30. November) drohte direkt Lebensgefahr. Für Käufe empfahl sich der Mittwoch als Tag des Merkur (französisch *mercredi*, italienisch *mercolidi*), des Gottes der Kaufleute. Auch der Donnerstag, in heidnischen Zeiten einst der höchste Festtag der Woche, galt als günstig. Was aber, wenn die aus dem einen Grund glückliche Zeit mit der aus einem anderen Grund unglücklichen zusammenfiel? Dann brauchte es guten Rat, wie ihn Figaro im *Barbier von Sevilla* erteilt:

Du hast gewählt die beste Zeit auf Erden,
Die man nur wählen kann, rasiert zu werden.

Das verflixte siebente Jahr

Man ist immer wieder erstaunt, wie zäh sich Vorstellungen auch dann noch halten, wenn sie eigentlich jeden Sinn verloren haben. Für die Ehe gilt als kritisches Jahr das siebente. Obwohl Statistiken längst belegen, dass schon im dritten Jahr die Scheidungsrate steil nach oben zeigt. An der Sieben als solcher kann es nicht liegen, denn die gilt eher als Glückszahl. Die katholische Kirche spricht von sieben Sakramenten, von sieben Gaben des Heiligen Geistes. Im Märchen gibt es die sieben Zwerge hinter den sieben Bergen. Die ›Wolke sieben‹, die im Englischen freilich als *cloud nine* bekannt ist, bedeutet sogar höchstes Glück. Und dann das verflixte siebente Jahr.

Das Rätsel löst sich, wenn man von der alten Vorstellung von Lebensaltern ausgeht, die jeweils sieben Jahre umfassen. Bei Philo von Alexandrien liest man, nach dem ersten Jahrsiebt bekämen die Kinder die richtigen Zähne, nach dem zweiten setze die Geschlechtsreife ein, nach dem dritten sprieße (beim Mann) der Bart und so weiter. Bis zum zehnten Jahrsiebt, nach dem man am besten sterbe. So steht es auch in Psalm 90 (»Des Menschen Leben währet siebzig Jahre«). Aristoteles hielt das 63. Jahr, also den Übergang zum zehnten Jahrsiebt, für die kritischste Zeit im Leben.

Woher dieser ›krumme‹ Rhythmus? Warum keine Zehnereinheiten oder wenigstens Sechser als die Hälfte der Zwölf? Wir Computererzogene, die eigentlich nur noch die Null und die Eins (aner)kennen, wissen nicht mehr, dass unsere Vorfahren die Natur als Vorbild ansahen, in der Schöpfung nach Gesichtspunkten von Ordnung suchten. Dort aber stößt man allenthalben auf die Sieben. Zum Beispiel beim gestirnten Himmel über uns mit seinen – damals – sieben Planeten. Von gleicher Bedeutung sind die sieben Töne der Tonleiter, nach denen der Grundton auf höherer Ebene wieder erreicht wird. Die Sieben ist also von der Natur selbst ausgezeichnet, eine kosmische Strukturzahl eben. Und so findet man das Phänomen kulturübergreifend. Auch die Chinesen kennen den Siebenerrhythmus im menschlichen (besonders weiblichen) Leben. In zweimal sieben Jahren wird das Mädchen geschlechtsreif, in siebenmal sieben setzt das Klimaterium ein, die Schwangerschaftsdauer berechnet sich in etwas komplizierten Multiplikationen ebenfalls danach.

In jedem siebten Jahr also liegt ein Übergang. Das verflixte siebente in der Ehe ist so gesehen eigentlich das *erst*mögliche gefährliche. Viel optimistischer als wir waren unsere Vorfahren demnach durchaus nicht.

Dreizehn

Welche Geschichten kann man nicht über die Dreizehn erzählen? In vielen Hotels fehlt sie als Zimmernummer und manchmal sogar als Stockwerk. Wer merkt, dass er zufällig dreizehn Personen zu Tisch geladen hat, ruft rasch noch eine vierzehnte an. In den USA hat man im Jahre 1925 auf französische Anregung hin bei Autorennen keine Startnummer Dreizehn mehr ausgegeben, weil kurz zuvor mehrere tödliche Unfälle mit dieser Nummer verzeichnet wurden. Als die Italiener anschließend maulten, weil sie die Siebzehn für genauso gefährlich hielten, gab man überhaupt keine ungeraden Nummern mehr aus.

Die Dreizehn als Unglückszahl also, für die meisten die Unglückszahl schlechthin. Erstaunlich, dass in diesem Fall die Tradition eher bescheiden ist, kaum übers 17. Jahrhundert zurückreicht. Und auch die Begründung klingt dünn. Judas, der Verräter, sei der Dreizehnte im Bunde von Jesus und den zwölf Aposteln gewesen. Von ihm also stamme der Makel. Überzeugender demgegenüber die irgendwie gefährliche Überschreitung der ›runden‹ Zwölf. Fast alle Kulturen bauen wichtige Zyklen auf dieser Zwölf auf: (zweimal) zwölf Stunden am Tag, zwölf Monate im Jahr, zwölf Sternzeichen im Tierkreis. Im Alten Testament ist von zwölf Stämmen Israels die Rede, es gibt zwölf kleine Propheten und im Brustschild des Hohepriesters prangten zwölf Edelsteine. Bei so viel Zwölfen musste die Dreizehn schlechte Karten haben. Man wundert sich, dass dies erst im 17. Jahrhundert aufgefallen ist.

Schaut man genauer hin, so zeigt sich, dass die Dreizehn von Anfang an eben mehrdeutig war, auch Glückszahl sein konnte. Als zwölf plus eins kommt sie vor im Richter mit seinen zwölf Schöffen oder der goldenen Henne mit ihren zwölf Küken. Für die zahlenbesessene jüdische Kabbala war die Dreizehn positiv als der Zahlenwert der Buchstaben im wichtigen Wort ›Einer‹. Jedem Buchstaben war eine Zahl zugewiesen und die Buchstaben von ›Einer‹ ergaben zusammengenommen eben die ominöse Dreizehn. Außerdem las man aus Deut. 34,6 dreizehn Eigenschaften Gottes heraus, sprach von dreizehn himmlischen Quellen, dreizehn Toren der Gnade und so fort. Einiges davon ist zu den Christen hinübergewandert.

Der französische König Ludwig XIII., mitten im 17. Jahrhundert, erkor freilich die Dreizehn wohl schon seines Namens wegen zur Glückszahl und heiratete die dreizehnjährige Anna von Österreich. Ob er seine Einstellung revidierte, nachdem ihm die Habsburgerin lebenslang Kontra gab, wissen wir nicht.

Weihnachten

Wenn mit Beginn der Adventszeit die Städte ihren Weihnachtsschmuck anlegen, auf den Straßen der gepanschte Glühwein duftet und in jedem Kaufhaus »Stille Nacht« dudelt, kann einem durchaus schlecht werden. Aber lassen wir das Gejammere über den Kommerz! Die Lichter in den Fenstern, die Mistelgestecke an den Türen, die Tannenbäume vor und in den Häusern halten doch auch etwas vom alten liturgischen Jahr aufrecht, das sonst verloren ginge. So wie bei Ostern und Pfingsten, das manch einer wohl schon für ein Gewerkschaftsfest hält, weil der Montag arbeitsfrei ist. Weihnachten war dabei in der Kirche keineswegs das höchste Fest im Jahr. Es zog nur alle Reste kirchlicher Festlichkeit auf sich. Wohl jeder weiß, dass an Weihnachten das Christkind auf die Welt kam, was auch immer er sich darunter vorstellen mag.

Aber nicht nur das. Bei den Römern war der 25. Dezember das Fest des Sonnengottes, weil die Tage nun wieder länger werden. Die Christen legten den Geburtstag ihres Heilands nicht umsonst auf dieses prächtige Fest und verbanden damit eingängige Symbolik: jetzt sollte mit Christus Licht in die Welt kommen. Sehr früh siedelte sich an diesem Freudentag allerhand Brauchtum an. Zum Beispiel das Weihnachtssingen, also der Zug kleiner Sängergruppen durch Dorf oder Stadt mit der Bitte, die guten Wünsche zu entlohnen. Von den Kirchtürmen herab erklang Bläsermusik. Das Haus wurde mit grünen Zweigen geschmückt. Mit all dem verband sich nicht nur christlicher Glaube, sondern in der üblichen Untrennbarkeit allerhand Magie. Das Grün in der Winterzeit als Zeichen der Hoffnung braucht kaum erklärt zu werden. Auch die üppige Weihnachtsmahlzeit, die Üppigkeit fürs ganze nächste Jahr bringen sollte, versteht sich von selbst. Dass es Schweinefleisch, Brot, Kuchen, Grütze, Erbsen, Bohnen, Fischrogen und Mohnkörner sein sollten, hat etwas mit den damaligen Grundnahrungsmitteln zu tun. Der Fisch, der sich später mehr oder weniger durchsetzte, spielt wohl auf das Christussymbol an.

An weiterem Brauchtum ist kein Mangel. Mit ausgiebigem Heiligabendläuten, das durchaus mehrere Stunden dauern konnte, sollten die Geister vertrieben werden – ›Schreckläuten‹ hieß es. Striktes Arbeitsverbot galt für den ganzen Tag, wobei man schon damals das Kochen und Richten der Hausfrau nicht für Arbeit hielt. Für den einen oder anderen wie gerufen kam das Verbot, sich zu waschen. In den Kirchen wurden Krippenspiele aufgeführt oder nur zum Kindelwiegen geladen. Dabei stand eine Krippe neben dem Altar, in der jeder einmal das hölzerne Kindlein nicht nur in Bewegung versetzen durfte, sondern auch baden, küssen und – ist es wirklich wahr? – an die Brust legen.

Nur der Weihnachtsbaum kam ziemlich spät. Urkundlich bezeugt ist er erstmals um das Jahr 1600 im Elsass, setzt sich dann langsam durch und hat mittlerweile die Welt erobert. Schade nur, dass es mit einem anderen Brauch Schwierigkeiten gibt: mit dem ›Christtau‹. Damit wurde das Wasser bezeichnet, das man in dieser heiligen Nacht in Wein verwandeln konnte.

Neujahr

Viele werden sich kaum noch daran erinnern, obwohl es noch nicht lange zurückliegt. Am 31. Dezember 1999 herrschte rund um den Globus Alarmstimmung. Die Computer sollten angeblich verrückt spielen, weil sie, zweistellig programmiert, an den beiden Nullen scheitern würden. Milliardenbeträge waren investiert, Krankenhäuser mit Notdiensten besetzt, kein Flugzeug in der Luft. Dann sah man im Fernsehen die ersten Feiern im äußersten Osten: in Australien, in Japan. Nichts war geschehen. Überall Aufatmen.

Vor einem halben Jahrtausend hätte dies nicht passieren können. Nicht weil es keine Computer, sondern weil es keinen gemeinsamen Jahresanfang gab. Der 1. Januar ist römisch, genau genommen: römisch seit Caesar und seinem julianischen Kalender. Vorher hatten die Römer wie die Griechen außer im Frühjahr in jeder anderen Jahreszeit das Jahr begonnen. In unseren Breiten schlossen sich zunächst nur die Westgoten an. Die Franken, Alemannen und Langobarden zogen den 1. März vor. Ansonsten gingen die Christen zum 25. Dezember, dem Geburtsfest ihres Herrn, über. In Frankreich oder den Niederlanden aber galt bis 1556 das Osterfest als Jahresbeginn. Als Papst Innozenz XII. endgültig den 1. Januar festsetzte, schrieb man das Jahr 1691. Trotzdem gab es weiter Ausnahmen, und zwar nicht nur bei den orthodoxen Christen oder den Muslimen. In der Schweiz blieb man noch lange beim ›alten Silvester‹, dem 11. oder auch 13. Januar.

Und all dies angesichts der anderen Tatsache, dass der Jahresanfang wie kaum ein anderer Tag magische

Bedeutung an sich zog. Die vorangehende Nacht ist *die* Geisternacht des Jahres, also voller Gefahren, denen man etwa mit einer Ausräucherung des Hauses begegnete. Das Handwerksgerät musste wohl verstaut sein. Mutige gingen nach draußen und versuchten mit Schüssen und Peitschenknallen die Dämonen auf Abstand zu halten. Umgekehrt kann man in dieser Zeit selbst am besten zaubern. Dies gilt besonders für die Bewahrung des Hauses vor Schäden, auch für die Garantie von Fruchtbarkeit auf den Feldern. Kranke können gerade in dieser Nacht auf Heilung hoffen.

Ganz alt ist die Vorstellung, dass wie Neujahr das ganze kommende Jahr werde. Wer an diesem Morgen früh aufstehe, tue es weiterhin – leider auch umgekehrt. Fällt man, so das ganze Jahr und so fort. Auch das Essen und Trinken wurde sorgfältig arrangiert, glaubte man doch auch in diesem Fall, dass danach das nächste Jahr gerate. Warum man unbedingt Erbsensuppe essen sollte, um daraufhin fieberfrei zu bleiben, ist rätselhaft. Besser erklärbar der Verzehr von Schweinefleisch, um anschließend 365 Tage ›Sauglück‹ zu haben. Ganz besondere Aufmerksamkeit gewann schließlich das Backen, vor allem des Brezels oder Kranzes. Wahre Orgien spielten sich ab. Und das mitten im Winter, wo die Vorräte noch lange halten mussten.

Ein Brauch aber hat sich bis heute gehalten, der mit dieser ›Zaubernacht‹ besonders eng zusammenhängt. Der Blick in die Zukunft mit Hilfe von Bleigießen oder anderen Formen der Wahrsagung. Wer so viel Feiern gesund überlebte, war auch so zäh, dass ihm das Jahr danach tatsächlich nicht mehr viel anhaben konnte.

Aprilscherz

Am 31. März präpariert sich manch einer für den nächsten Tag. Vorsicht bei Aufträgen! Selbst das öffentliche Fernsehen leistet sich die eine oder andere Nachricht, mit der sich Leichtgläubige anschließend blamieren. Ein Ausweichen in benachbarte Länder wäre zwecklos. England feiert seinen *Allfools Day*, den »Aller Narren Tag«, mit *making an April fool*, »einen Aprilnarren machen«. In Frankreich oder Italien ist es eher schlimmer, weil man noch weniger vorbereitet ist auf einen Streich, der dort ›Aprilfisch‹ heißt: *poisson d'Avril* bzw. *il pesce d'aprile*. Und Flucht in die USA? Dort findet man eher den Höhepunkt des Brauchs.

Bleiben wir also im Lande und seien wir wachsam. Die Römer waren es auch schon, wenn sie ihr Narrenfest, die Quirinalia, feierten. Es ist nicht sicher, ob der Aprilscherz wirklich darauf zurückgeht, aber irgendwie muss er ja entstanden sein. Die Spezialisten haben viele Möglichkeiten abgewogen. Ist es vielleicht das trügerische Aprilwetter, auf das ein Vorgeschmack gegeben werden soll? Ist es ›christlicher‹ gemeint, nämlich mit der Tatsache verbunden, dass sich am 1. April Judas erhängt hat? Oder muss man einfach mit einem Frühlingsbrauch rechnen? Dazu würde erstens die Fröhlichkeit passen und zweitens die Täuschung, die auch in alten Frühlingskulten zu beobachten ist, zum Beispiel wenn Zeus vor seinem Söhne verspeisenden Vater Chronos trickreich durch einen ziegenfellumwickelten Stein ersetzt wird.

Jedenfalls will man seinen Spaß haben und lässt die Opfer allerlei Unmögliches herbeischaffen. Früher

ging es um Mückenfett oder rosagrüne Tinte, um Steck-
nadelsamen, die Gemeindebrille, den Böschungshobel
oder gedörrten Schnee. Heute ist es nicht ernsthafter,
nur zeitgemäßer, zum Beispiel ein Computerprogramm
zur Entlarvung von Gelogenem. Anschließend ist man,
wenn man denn hereinfällt, ein Aprilsgeck. Viel ist dabei normalerweise nicht passiert. Man steht nur dumm
da und sollte sich nicht beschweren, weil man dann
auch noch zum Spielverderber wird. So wie Zar Peter
der Große, der über einen Aprilscherz seines Theater-
direktors Johann Kunst sauer gewesen sein soll.

Sehr schön also! Und nicht ganz einmalig im Jahr.
Heute weniger bekannt ist der Februar als der alte
›Weibermonat‹, in dem sich die Frauen allerhand her-
ausnehmen durften und es auch taten. Die Weiber-
fastnacht ist davon noch übrig geblieben, wo Männer
im Rheinland die Krawatten abgeschnitten bekommen.
In diese Zeit fällt allerdings auch der Valentinstag am
14. Februar, der als Tag der Liebe gilt und von den
Männern einen Beweis ihrer Zuneigung zur Angebete-
ten oder Angetrauten verlangt. Woher das nun wieder
stammen soll, wagt man kaum wiederzugeben. Die
Vögel würden sich um diese Zeit zum ersten Mal im
Jahr wieder paaren, heißt es. Da hält man sich denn
doch lieber an den besser erklärten 1. April, wenn
nicht überhaupt der Valentinstag eine Art verfrühter
Aprilscherz der Gärtner ist.

Maitag

Der 1. Mai, *der* Maitag, fällt im christlichen Kalender auf das Fest der heiligen Walpurgis. Und wie alle christlichen Feste bereits am Vorabend beginnen, so ist es auch in diesem Fall. Dem in Vergessenheit geratenen Walpurgistag geht die gut bekannte Walpurgisnacht voran. Es ist die Nacht des Hexentanzes auf dem Blocksberg, von dem es in den deutschsprachigen Ländern zahlreiche Exemplare gibt, am bekanntesten, dank Goethes *Faust*, der Brocken im Harz. In den Hexenprozessen spielte die Nacht eine große Rolle, weil man hier ›Schwestern‹ kennen lernen, also verraten konnte. Im Volk gab es andere Sorgen. Wenn einem die Hexen übers Dach flogen, bedurfte es des Schutzes. An Häuser und Viehställe steckte man Maibüsche, das erste Grün: Lebenskraft gegen Todesdrohung.

Es gibt wohl kein Fest im Jahr, das so ausgeschmückt wurde wie der Maitag. Überall stößt man darauf, dass unsere Kultur einmal agrarisch war, dass alles von Sonne und Regen abhing, von gutem Wetter statt für Urlaubsbräune für gefüllte Speicher. Mancherlei Saat wurde am Maitag ausgebracht, Bohnen zum Beispiel, das Vieh auf die Weide getrieben, selbst wenn noch Schnee lag. Wer in dieser Nacht nackt Butter rührte, hatte davon im ganzen Jahr. Und auch für die eigene Gesundheit konnte man etwas tun: ein Bad sollte besonderen Segen bringen – bei dem, der die Kälte überstand.

Heute ist vor allem der Maibaum übrig geblieben. Auch er hat etwas mit Fruchtbarkeit zu tun, verspricht mit seinen frühen Sprösslingen Lebensfülle. Interessanter ist die Übertragung auf den menschlichen Bereich: auf Liebesfreuden und Eheglück. Den Mädchen wird entsprechend ein Baum ins Fenster oder vor die Tür gesetzt. Und wohl denen, die eine Birke vorfanden. Für Widerspenstige, Missliebige gab es einen dürren Baum mit Lumpen, auch einen Strohmann.

Fast in der ganzen Welt verbreitet ist der Maibaum für die Gemeinde, und in manchen Gegenden erwartet man bis heute, dass er in der Nacht vor dem ersten Mai gestohlen wird. Natürlich soll auch er neues Leben herbeiführen. Die jungen Burschen klettern an ihm hinauf, um Schmuck zu rauben: demonstrierte Kraft, die die Kraft der ganzen Gemeinde symbolisiert. Es gibt noch mehr Brauchtum mit immer der gleichen Tendenz: die Maibraut zum Beispiel, die im Umzug für Fruchtbarkeit sorgen soll. Oder die Maikönigin, die gewählt, in mancherlei Wettkämpfen bestimmt oder gar ersteigert wird. Das Maifeuer dient umgekehrt der Abwehr alles Bösen, was der Fruchtbarkeit entgegenstehen könnte, insbesondere durch die Hexen.

Viel Zauber also am Maitag. Am eigenartigsten aber ist die englische Version, mit der in Seenot um Hilfe gerufen wird: das berühmte *Mayday*. Kaum zu glauben, aber wahr: Es hat nicht das Geringste mit dem Mai zu tun, sondern ist eine Verballhornung für den alten französischen Hilferuf »(veuillez) m'aider!« Eine Weltsprache kann auch nerven.

Große Magier

HERMES MERCURIUS TRIMEGISTUS
CONTEMPORANEUS MOYSI

DEUS OMNIUM CREATOR
SECUM DEUM FECIT
VISIBILEM ET HUNC
FECIT PRIMUM MET SOLUM
QUO OBLECTATUS ESTET
VALDE AMAVIT PROPRIUM
FILIUM QUI APPELLATUR
SANCTUM VERBUM

Pythagoras und die Zahlen

Um 480 v. Chr., als die Griechen sich gerade erfolgreich der Perser erwehrt hatten, starb in einer ihrer süditalienischen Kolonien der Philosoph Pythagoras. Der Begründer des Satzes mit den Quadraten über den Seiten eines Dreiecks gilt als Haupt einer Schule (der Pythagoreer), die sich auch politisch betätigte und deshalb auf Verschwiegenheit Wert legte. Er soll goldene Schenkel besessen und mit Flüssen geredet, die Zukunft gekannt und an verschiedenen Orten gleichzeitig verkehrt haben. Fasziniert aber war Pythagoras von der Zahl. Er hielt sie für das einzig Beständige und daher auch für das Prinzip der Welt. Aber er zählte eigentlich nicht, sondern arbeitete mit einem Musikinstrument, das nur über eine einzige Saite verfügte. Teilt man diese Saite in ganzzahligen Verhältnissen, so treten Harmonien auf – bei 1:2 zum Beispiel erklingt die Oktav, bei 2:3 die Quint, bei 3:4 die Quart und so fort. Weicht man nur ganz leicht ab von diesen Proportionen, so hört man lediglich ein undefinierbares Schnarren. Harmonisch kann also nur sein, was auf klaren Verhältnissen beruht.

Mit diesem Gedanken hat Pythagoras so etwas wie ein Dauerthema eröffnet. In der Antike diskutierte man eifrig über die Sphärenharmonie: die Musik, die die ›Sterne‹ angeblich bei ihrem Umlauf erzeugen. In der Renaissance war es Kepler, der mit mathematischen Mitteln die Planetenbahnen in Beziehung zu harmonischen Tönen brachte und das Credo von der Welt als Zahl neu begründete. Auch im 20. Jahrhundert ist dies noch einmal aufgegriffen worden, zuletzt von Joachim Ernst Berendt in seinem Bestseller *Nada brahma*, der altindischen Formulierung für »Die Welt ist Klang«. Das Buch ist spannend zu lesen, auch wenn man als normaler Leser viel glauben muss und dunkel ahnt, dass hier Naturwissenschaften und Spekulation eine abenteuerliche Verbindung eingehen. Was heißt hier *ist* in »Die Welt ist Klang«? Und müssen Proportionen immer etwas *bedeuten*?

Nehmen wir etwas vom Verständlichsten, den wohlproportionierten Körper: Der Bauchnabel teilt die Körperlänge im Verhältnis des Goldenen Schnitts, die Brustwarzen die Breite eines Menschen mit ausgebreiteten Armen ebenfalls, weiter der Beinansatz die Höhe der Brustwarzen, das Knie das ganze Bein, die Augenbrauen den Kopf, das Armgelenk den Arm einschließlich Hand. Das mag sein, wenn man nicht zu viele Stellen hinter dem Komma berechnet und wohl auch bei der Auswahl der Probanden etwas Vorsicht walten lässt. Wir lesen dann von Proportionen in Protonen und Neutronen, in DNS-Genen, im periodischen System der Elemente, vom Sauerstoffatom, das in einer Dur-Tonleiter schwingt, von harmoniesüchtigen Quantelungen und Spins. Wir erfahren, dass in der Photosynthese bei der Entstehung des Blattgrüns aus Licht und Materie Dreiklänge erklingen und sogar Sexualität ein musikalisches Phänomen ist.

Von Pythagoras bis Werner Heisenberg, über Buddha und die japanischen Zen-Meister, überall diese eine Lehre: Die Welt entschlüsselt sich nicht als ›Bild‹, sondern als ›Klang‹, wir sind nicht fürs Sehen, sondern fürs Hören bestimmt. Ob das wirklich noch dasselbe ist, was Pythagoras mit seiner Saite herausfand?

Zweierlei Magier im frühen Christentum

Wer heute nach den berühmtesten Magiern unserer Zeit fragt, dürfte immer wieder zwei Namen hören: David Copperfield und Harry Potter. Nicht allein, dass der eine lebt und der andere eine literarische Figur ist, macht den Unterschied. Vielmehr geht es um eine andere Art von Zauberei: Vorspiegelung und wirkliches Wunder. Kaum zu sagen, was auf uns phantastischer wirkt: das Verschwinden eines Eisenbahnzuges oder der Flug mit dem Besen. Gibt es vielleicht eine historische Reihenfolge? Erst das Wunder, dann der Trick?

Wie so oft widerlegt der Blick in die Geschichte nahe liegende Konstruktionen. Wunder und Trick waren von Anfang an Geschwister. Als die ersten Christen von den Wundern ihres Heilands erzählten, wollte ein cleverer Zeitgenosse ihnen die vorgeblichen Tricks mit Geld abluchsen – nachzulesen in der Apostelgeschichte, Stichwort: Simon der Magier. Um den Unterschied so deutlich wie möglich zu machen, ist in den so genannten »Petrusakten« die Geschichte von einem Wettstreit erzählt, in dem Petrus gegenüber Simon demonstriert, was ein christliches und was ein heidnisches ›Wunder‹ ist. Simon führt in Anwesenheit von Kaiser Nero vor, dass er fliegen kann. Petrus aber lässt ihn dabei abstürzen – große Augen bei Nero und großes Lachen in der christlichen Gemeinde.

Aber Simon der Magier war kein Einzelfall. Religiöse Bewegungen setzten als Wunder verkaufte Zauberkünste zur Werbung ein. Der Kirchenvater Hippolyt berichtet in der *Widerlegung aller Häresien* am Ende des 2. Jahrhunderts in allen Einzelheiten darüber zur Warnung. Dazu gehört etwa die scheinbare Zaubertinte, die auf der Verwendung von Kupfervitriol beruht, das bei Erwärmung sichtbar wird. Dasselbe funktioniert mit Milch, Harn, Fischlake oder Feigensaft, wenn man Papier verbrennt, es zerreibt und darüber streut. Spektakulärer die Selbstenthauptung von Lämmern, denen man den Hals mit ätzendem Gift präparierte, so dass die armen Tiere sich anschließend scheinbar freiwillig an einem Schwert ›rieben‹. Eine Beschwörungsszene, bei der ein Knabe die Einflüsterungen von Dämonen wiedergibt, beruht darauf, dass man Luftröhren von Kranichen durch eine Wand steckte, hinter der der ›Dämon‹ den Text soufflierte.

Natürlich ist Wissen dieser Art nie vergessen worden. Im Mittelalter hören wir von Gaukleraufführungen auf Marktplätzen und bei den großen Festen. In der Luft schwebende Eier hingen schon damals an Damenhaaren. Sogar eine menschliche Scheinenthauptung ist belegt: mit rollendem Kopf, aber ohne Toten. Und all dies zeitlich parallel zu jener anderen Form von Magie, die die Alchemisten und Hexenmeister aller Arten anpriesen. In der epischen Literatur ist fast immer von ›wirklicher‹ Zauberei die Rede, in den Chroniken liest man eher von guten Vorführungen.

Es hat sich also nicht viel geändert bis heute. Harry Potter *musste* kommen, um das alte Double der Magie zu besetzen. Jetzt haben wir wieder beides: den Trick und das Wunder, wenigstens in der Phantasie.

Der Zauberer Merlin

Wenn man in der Literatur einen Niederschlag des Publikumsgeschmacks sehen darf, dann waren die Ritter und höfischen Damen des Mittelalters geradezu zaubersüchtig. In den Romanen wimmelt es von Gestalten mit übernatürlichen Kräften, und wer irgendwie als weise gilt, wird rasch zum Zauberer befördert. Vergil zum Beispiel ist es angedichtet. Sogar ganz konkret, indem er zwölf Dämonen aus einer Flasche befreit haben soll, die ihm hinterher ihr okkultes Wissen weitergaben. Auch Albertus Magnus wird trotz fürchterlicher Verballhornung zum Albertus *Magus*, der unter anderem einen sprechenden Kopf besessen haben soll, den Thomas von Aquin entzwei schlug, weil er sich nicht länger foppen lassen wollte.

Dabei zeigt der sprechende Kopf eine Richtung der Magie an, die erst in der Renaissance ihre Blütezeit hat: den Automaten. Hier geht es ja nicht um Übernatürliches, sondern höchstens um besondere Kunst bei der Anfertigung – diese Art von Magie nimmt schon deutliche Züge des Ingenieurs an. Freilich sind die Automaten vorläufig noch ziemlich zauberisch. Sie stehen an Landesgrenzen und können ganze Reiche verteidigen. Mit Gebrüll zum Beispiel, wenn jemand vorbeikommt, der unvorsichtigerweise einen Zapfen herauszieht. Auch Feuer speiende Exemplare kommen vor.

Im Mittelalter dominiert noch eindeutig die andere Sorte von Zauberei: die von Menschenwesen mit geheimem Wissen ausgeführte. In der vielleicht wichtigsten Literatur der Zeit, den Erzählungen um den sagenhaften König Artus und seine Ritterrunde, ist Merlin die zentrale Zauberergestalt. Seine Abstammung passt in jeden Horrorfilm: Er ist der Sohn einer Menschenfrau, die von Satan vergewaltigt wurde – das verheißt nichts Gutes. Aber es kam eben doch eher ein ›anständiger‹ Magier heraus, der Artus unterstützt. Zwar zieht dieser das Schwert Exkalibur noch alleine aus dem Block. Danach aber braucht er allerlei Hilfe von Merlin. Sie fällt freilich stets bemerkenswert menschenfreundlich aus. So besiegt er ein feindliches Heer, indem er sämtliche Kämpfer lediglich in Schlaf versetzt – daran sollte man sich ein Beispiel nehmen.

Erst Wolfram von Eschenbach hat diesen Merlin in seinem *Parzival* zu einem Ungeheuer gemacht. Als der Zauberer eines Minnevergehens wegen entmannt wird, sperrt er aus Wut und Neid alle Frauen in seinem Schloss ein, damit diese keine Männer finden. Damit wird eine umständliche Erlösungshandlung nötig, die äußerst dramatisch verläuft. Der Nebenheld Gawan bekommt es zum Beispiel mit einem Formel-1-ähnlich rasenden Bett und allerlei anderem Schrecklichen zu tun. Weil man in diesem Gegner Merlin kaum wiedererkennt, hat der deutsche Dichter seinen Namen geändert: Er heißt jetzt Klingsor und wandert als solcher durch die Nachfolgeliteratur.

Viele unedle Angriffe auf Menschen also, viele Wundergegenstände wie derart hell strahlende Edelsteine, dass man sie abdecken muss, wenn man schlafen will. Die Dosis, um Damen und Herren zu unterhalten, musste damals wohl genauso ständig erhöht werden wie heute in Film und Fernsehen. Eine freiwillige Selbstkontrolle existierte noch nicht, die Artuswelt versank noch von selbst in Vergessenheit.

Die großen Skandale

Das Christentum hatte in der Phase seiner Konsolidierung in der Spätantike feste Positionen bezogen: scharfe Abgrenzung von allen Formen der Magie, besonders von der Astrologie. Als es im frühen Mittelalter die Heiden zu bekehren galt, ging es deren Dämonen an den Kragen. Bonifatius fällte Eichen, Karl der Große organisierte den Widerstand mit Hilfe der damaligen Intellektuellen, der Benediktinermönche.

Aber die Magie war niemals besiegt worden. Mit der Konsolidierung des Christentums, nach Kreuzzügen und Ketzerverfolgungen im 12. und 13. Jahrhundert, zeigten sich Astrologie und Alchemie gefestigter denn je. Für viele waren die Araber schuld. Sie hatten das Wissen der Antike und Spätantike bewahrt: das philosophische genauso wie den Wunderglauben. In Toledo oder Salamanca sollen Hochschulen der Zauberei eingerichtet gewesen sein, wo sich Studenten aus ganz Europa mit schwarzer Magie voll saugten. Tatsache ist, dass an den Universitäten Lehrstühle für Medizin auf astrologischer Grundlage existierten: in Bologna der berühmteste, aber auch einer in Rom. Kein weltlicher oder geistlicher Fürst unternahm irgendetwas Wichtiges ohne Befragung seines Hofastrologen. Friedrich II., Kaiser des Heiligen Römischen Reiches, hielt sich dafür einen berühmten Gelehrten: Michael Scotus.

Dass man auf einem Vulkan tanzte, merkte man erst, als es zu spät war. Roger Bacon, der für seine naturwissenschaftlichen Studien berühmte Franziskaner, beschäftigte sich plötzlich unter astrologischen Gesichtspunkten mit Adam und Eva. Als er die Überlegenheit des Christentums aus der Konjunktion von Jupiter und Merkur bei der Geburt Jesu ableitete, war für viele der Bogen überspannt. Die Karriere scheiterte. Mehr als nur die Karriere, nämlich das Leben, opferte eine Generation später Cecco d'Ascoli. Wieder spielt das Horoskop Christi eine Rolle. Die Geburt im Stall und sogar der Kreuzestod sind daraus abgeleitet. 1327 griff die Inquisition zu. In Florenz wurde er verbrannt.

Den Vogel aber schoss ganze eineinhalb Jahrhunderte später Bartolommeo della Rocca ab, besser bekannt unter dem Namen Cocles. Berühmt wurde er durch Todesprognosen, unter denen noch zu seinen Lebzeiten 43 von 45 eintrafen. Weil er sich selbst den Tod durch Erschlagung vorausgesagt hatte, trug er auf der Straße stets einen Eisenhelm. Darüber hinaus war Cocles ein echter Skandalautor. Den damaligen Papst Alexander VI. nannte er ›satanische Heiligkeit‹, und er triumphierte darüber, als dieser unter einer unheilvollen Konstellation der drei großen Planeten im Krebs starb. Über Alexanders Sohn, den berüchtigten Cesare Borgia, fertigte er ein physiognomisches Gutachten an. Weiter schrieb er über Lesbierinnen und Frauen, die sich an Jünglingen vergriffen.

Am Hang zu den Sternen hat der Fall von Cocles aber dann nicht mehr gelegen. Papst Alexander VI. beschäftigte den provenzalischen Juden Bonet de Lattes als eine Art Hofastrologen. Seine Nachfolger von Sixtus IV. bis Paul III. trafen keine wichtigen Entscheidungen ohne astrologischen Rat. Wer Cocles umgebracht hat? Nein, diesmal nicht die Inquisition. Es war einer von denjenigen, denen er den Tod prognostiziert hatte. Motiv: Rache.

Begegnung mit dem Dreimalgrößten

Was wir über unsere Kultur wissen, verdanken wir in erster Linie der Schule. Auch Juristen kennen auf diese Weise noch Goethe, Mediziner Kant oder Philologen Newton. Aber nicht alles hat uns die Schule beigebracht, um manches macht sie traditionell einen großen Bogen. Zum Beispiel um das, was mit zu viel Sex zu tun hat – wo wird schon de Sade gelesen? Auch mit zu viel Pessimismus. In der Antike gab es neben den ›klaren‹ Geistern wie Platon oder Aristoteles solche, die die Schöpfung für ein Pfuschwerk hielten und den Schöpfer für einen ausgemachten Sadisten. Schon mit dem Namen derer, die so etwas behaupten, hapert es – wer kennt noch die Gnostiker?

Aus diesem Milieu aber stammt jemand, der entsprechend bei den meisten Zeitgenossen heute eine Bildungslücke zutage fördert: Hermes mit dem Beinamen Trismegistos – ein griechisches Wort, das ›der Dreimalgrößte‹ bedeutet. Warum hat uns niemand von einem so gut beleumundeten Herrn erzählt? Erstens ist es die Nähe zur Gnosis. Zweitens aber bezieht sich diese dreifache Größe auf drei Gebiete, die man an der Schule genauso meidet wie Sex und Pessimismus: Magie, Astrologie und Alchemie. Und dann passiert es: Plötzlich begegnet er uns eben doch, dieser Dreimalgrößte. Neben der Schule gibt es ja noch eine zweite Quelle der Aneignung von Kultur: den Italienurlaub. Wir befinden uns in der sommerlichen Toskana, haben glücklich einen Parkplatz in Siena gefunden und hecheln vom Muschelplatz aus die steilen Straßen hinauf zum Dom. Rasch den Führer aufgeschlagen und beim Eingang begonnen.

Die Rede ist vom monumentalen Marmorboden aus der Zeit der Renaissance, der fast die gesamte Kirche mit Bildern bedeckt. Das erste gleich hinter dem Hauptportal zeigt ihn: Hermes Trismegistos, deutlich mit Namen. Je nach Ausführlichkeit des Führers erfahren wir dann, dass die Gestalt als Übermittler der ägyptischen Weisheit an das Christentum gilt. So ähnlich wie die Sibyllen rechts und links in den Seitenschiffen, die gut heidnisch sind, aber Heidendamen, die immerhin Christus prophezeit haben. Schreitet man weiter nach vorne, wird es immer biblischer. Zum Beispiel bei der Darstellung des Kindermordes auf Anweisung des Herodes in einem riesigen Bild mit vielen Pferden und vor allem viel fließendem Blut und wehklagenden Müttern.

Hermes Trismegistos, falls wir die Geduld haben, diesen Unbekannten etwas näher kennen zu lernen, trägt einen spitzen Hut wie nach ihm alle Zauberer, lächelt ansonsten mild und freundlich. Magie, Astrologie, Alchemie: für einen Augenblick sind sie ehrwürdige, alte Künste, altes Wissen. Vom gnostischen Hintergrund, von bösen Sternen oder dämonischer Assistenz bei alchemistischen Experimenten ist nicht die Rede. So richtig belehrt werden wir also nicht. Aber immerhin ist er einmal aufgetaucht, mit Namen und ›Beruf‹. Nur nicht zu eilig darüber hinweggeschritten im Dom! So bald wird er uns nicht mehr begegnen.

Die Prophezeiungen des Nostradamus

Die Weltwirtschaft reagiert auf Meldungen, besonders auf schlechte, sensibel. Am sensibelsten aber reagiert sie auf Ereignisse, die noch gar nicht eingetreten sind: auf Prognosen. Wenn es um Wachstumsaussichten, Konsumentenverhalten, Arbeitslosigkeit geht, können Börsenkurse Sprünge machen. Immer liegen dabei Zahlen zugrunde, mitunter sehr kleine, aber sehr exakte Zahlen. Und die Aussagen sind denkbar einfach, schlicht unmissverständlich. Die Wirtschaftsweisen arbeiten mit Computern, ihre Prophezeiungen treffen häufig ein.

In all dem liegen gewaltige Unterschiede zu den Prognosen, mit denen sich die Menschheit jahrtausendelang abgegeben hat. Es wurde viel mehr prophezeit, aber es ging auch viel mehr daneben. Die politischen Aussagen der Pythia in Delphi waren stets dunkel, deutungsbedürftig, kamen freilich in Ekstase zustande, nicht am Computer. Genauso ist es mit den Sibyllen, den Nachfolgerinnen in römischen Zeiten. Geraune statt exakter Zahlen, vorgetragen an schaurigen Orten, wie es zum Beispiel Vergil in der *Aeneis* berichtet. Gewiss, es gibt auch die klaren Ankündigungen, am beliebtesten über den Weltuntergang, der sich bekanntlich stets Zeit ließ. Aber berühmt wurden immer wieder die dunklen Prophezeiungen, die unverständlichen, die deutbaren. Nostradamus ist ihr unbestrittener Meister.

Zehn Sammlungen von je hundert gereimten Vierzeilern hat er veröffentlicht, die ersten sieben 1555, die letzten 1558. Jeder dieser Vierzeiler aber ist eine einzige Dunstwolke wie der folgende: »Der junge Löwe«, so ein Übersetzungsversuch, »überwältigt auf dem Kriegsplan den alten durch einen Einzelkampf. Im goldenen Käfig spaltet er ihm die Augen. Das eine der zwei Zerbrechen [!?], dann Sterben, grausamer Tod.« Darin sollte der Tod König Heinrichs II. im Turnier enthalten gewesen sein, eine Deutung, die erst ein halbes Jahrhundert nach den Ereignissen aufkam. Zu Lebzeiten des Nostradamus las jeder aus den Vierzeilern, was er wollte. Vor allem aber hörte das Deuten danach nicht mehr auf. Noch im 19. Jahrhundert erschien ein dreibändiges Werk mit Belegen für die ›Voraussage‹ sämtlicher wichtiger Ereignisse der Geschichte. Ob Luthers Reformation oder die Bartholomäusnacht, ob die Enthauptung Karls I. unter Cromwell oder der Brand von London: für jedes Ereignis fand sich ein passender Vierzeiler. An Fortsetzungen hat es nicht gemangelt. Auch der Mord in Sarajewo, der U-Boot-Krieg oder die Atombombe auf Hiroshima ließen sich aus den mit seltsamen Fremd- oder Deckworten gespickten Texten herauslesen. Natürlich machten darüber hinaus noch Fälschungen die Runde.

Die Pythia von Delphi kaute möglicherweise Lorbeerblätter, um in Ekstase zu geraten. Nostradamus will nüchtern gewesen sein und gibt an, die Dunkelheit absichtlich angerichtet zu haben. Im Übrigen seien ihm sämtliche Prophezeiungen von Gott eingegeben worden. Heutige Wirtschaftsweise können sich solche Dunkelheit nicht mehr leisten. Freilich beschränken sich ihre Prophezeiungen auch auf vergleichsweise schlichte Tatsachen. Und wer wird ihre Aussagen noch in den nächsten Jahrhunderten lesen?

Der Schwarzkünstler Agrippa

De mortuis nil nisi bene – »über Tote soll man nur Gutes reden«. Aber es gibt den Fall, dass ein Toter nicht nur verhöhnt, sondern dass dieser Hohn sogar auf den Grabstein gemeißelt wurde. Die Asche möge jenem Hund zum Fraße vorgeworfen werden, der zu Lebzeiten sein Begleiter war. Die Rede ist von Agrippa von Nettesheim, der tatsächlich einen Pudel mit dem Namen *Monsieur* besessen und das Pech hatte, beim Tod seinen Feinden in die Hände gefallen zu sein, den Dominikanern in Grenoble. 1535 war dies gewesen.

Wie kann man Menschen derart aufregen? Agrippa ist dies so häufig gelungen, dass hier nur eine Auswahl gegeben werden kann. In einem Hexenprozess hatte er gegen die dominikanischen Inquisitoren eine Frau vor den Flammen gerettet. Bei der Auseinandersetzung über die Vernichtung jüdischer Bücher plädierte er gegen die Dominikaner für Bewahrung. Und in seinem letzten großen Werk, *Über die Fragwürdigkeit der Wissenschaften*, verurteilte er neben Hurerei, unfähigen Ärzten oder verkommenen Adligen auch sittenlose Mönche. 1533 war das Buch im Druck erschienen, kurz zuvor aber ein anderes, das seit Jahrzehnten als Manuskript kursierte: *De occulta philosophia*, »Über die Magie«. Agrippa von Nettesheim wurde daraufhin als Schwarzkünstler gebrandmarkt.

Es gibt eine interessante Stelle, an der der Autor sich im weiten Feld der Magie zu definieren sucht: Ja, er sei ein Magier, heißt es dort. Aber weder Zauberer noch abergläubisch und schon gar nicht mit bösen Geistern im Bunde. Er sei ein Weiser, so wie die ›Magier‹ aus dem Morgenland im Weihnachtsevangelium weise waren. Das Schlagwort lautet: ›natürliche‹ Magie. Wer das Werk liest, wird allerdings feststellen, dass diese ›natürliche‹ Magie alles andere als natürlich war. Agrippa steht ganz in der Tradition der Geheimwissenschaften, zu denen es gehört, die Mächte der Natur nicht nur zu verstehen, sondern auch zu beherrschen – bis hin zum Wirken von Wundern. Fernkommunikation in Form von Gedankenübertragung gehört noch zum Harmlosen. Zuletzt ist von der Einspannung der Engel in irdische Dienste die Rede. Im Grunde gibt es keine bessere Zusammenfassung und Systematisierung der magischen Künste in der Kulturgeschichte.

Nur: Wenige Monate vor dem Druck hat er dieses Werk widerrufen – in *Über die Fragwürdigkeit der Wissenschaften*. Wer nun liest, dass die Astrologie auf Lug und Trug basiere, dass Alchemisten bloß ›Kotspezialisten‹ seien, die Handlesekunst jeder Grundlage entbehre, die Beschwörung von Toten und Geistern Phantasie, die Kabbala eine Rhapsodie reinsten Aberglaubens darstelle und die ›Wunder‹ der Magier lediglich natürliche Leistungen darstellten – wer dies liest, wird sich an den Kopf fassen. Was hat er denn nun wirklich geglaubt?

In der Widmung an den Kölner Erzbischof, seinen letzten Gönner, sagt Agrippa, er habe das Jugendwerk gegen kursierende verfälschte Manuskripte gereinigt publizieren wollen. Genützt hat es nichts: Agrippa wurde *der* Schwarzkünstler der Magiegeschichte. Als Mary W. Shelley jemanden brauchte, der ihren Helden auf die schiefe Bahn brachte, ließ sie ihn Agrippa lesen. Es entstand der *Frankenstein*-Roman.

Paracelsus, ein alchemistischer Arzt

Es gibt zwei Namen in der Geschichte der Medizin, die noch heute jeder kennt: Hippokrates und Paracelsus. Vom alten Griechen ist der Eid übrig geblieben. Der Schweizer aus der Zeit der Reformation gilt als Begründer der modernen, der naturwissenschaftlichen Heilkunst. Aber Paracelsus hat die Medizin auf alchemistische Traditionen gestellt. Was nach Naturwissenschaft klingt, ist auf den zweiten Blick oft genug finsterstes Mittelalter. Die Pest kommt aus den Sternen, der Besiegung jeglicher Krankheit dienen wunderbare Elixiere, von den ›Wunderheilungen‹ ist keine einzige wirklich bezeugt.

Wieso dann moderne Medizin? Die Antwort liegt zweifellos in der Behandlungs*methode*. Die alte Medizin war, so eigentümlich dies klingen mag, weniger eine heilende denn eine vorbeugende Medizin. Von Hippokrates stammt die Lehre, dass der Mensch vier Säfte in sich habe, die im Gleichgewicht zu halten sind. Daher das ewige ›Reinigen‹ in seinen vielfältigen Formen: Schwitzen, Aderlass, Brech- und Abführmittel. Als Stimulantien genügten dafür Kräuter. Was noch wichtiger ist: Diese Medizin blieb ›theoretisch‹, man studierte die Tradition. Paracelsus ging dagegen von der Praxis aus und kaum eine Seite seines Werkes ist ohne wüste Polemik gegen die Tradition: »eine einzige Diebs- und Beschissgrube«, die alle Ärzte zu »Mördern« mache. Daher das Studium von konkreten Krankheiten, etwa der Staublunge der Bergarbeiter.

Als Heilmittel aber setzte Paracelsus die Chemie ein: chemisch gewonnene Substanzen aus Vitriol und Antimon zum Beispiel, sogar Arsen in entsprechender Dosierung. Wenn *ein* Satz von Paracelsus heute noch bekannt ist, dann der: Die Dosis macht das Gift. Die Apotheke verwandelte sich von einem Kräuterlager in ein Laboratorium mit Brennofen und Destillierkolben. Nur muss man ganz deutlich sagen: Eine Methode, die entfernt an Naturwissenschaft erinnert, existierte nicht. Wer einmal nur einige Seiten aus den vielen tausend gelesen hat, wird eher an ein wildes Phantasieren erinnert. Ein ewiges Versprechen von Wundern wie dem, mit Hilfe irgendeiner ›Quintessenz‹ einen hundertjährigen Mann in einen zwanzigjährigen zu verwandeln. Rezept schließt sich an Rezept. Nicht eines davon ist nachvollziehbar, weil immer wieder erst Arkana, Geheimnisse, die Wirkung verbürgen.

Das Urteil der Nachwelt hat sich davon nicht beirren lassen. Während Paracelsus in seinem Leben fast keine Anerkennung fand, von seinem eigenen Schüler als Alkoholiker verunglimpft wurde, in Basel von der Universität flog und kaum ein Werk zum Druck brachte, begann nach seinem Tod einer der erstaunlichsten Aufstiege der Geistesgeschichte. Kaum eine der bedeutenden Gestalten der Neuzeit, die sich nicht mit ihm beschäftigt hätte: Shakespeare oder Grimmelshausen, Leibniz oder Wieland, Goethe oder Heine, Schnitzler oder Rilke – von der Glorifizierung durch die Nazis nicht zu reden. Eine der höchsten Auszeichnungen, die gegenwärtig für medizinische Verdienste verliehen wird, ist die Paracelsusmedaille. Ein Alchemist ist zum Vater einer der wichtigsten modernen Wissenschaften geworden. Ob es nicht besser wäre, ihn als Magier zu würdigen?

Faust, der Teufelsbündner

Mit einem ungeheuerlichen Versprechen hat das Christentum einst die Welt erobert: Glück im Jenseits. Von Anfang an war der Versuchung damit eine Richtung gewiesen: nicht so spät, sondern jetzt gleich. Schon Augustinus plagt sich mit den Verführern ab, widmet in seinem *Gottesstaat* drei von zweiundzwanzig Büchern (das achte bis zehnte) den Dämonen. Und schon bei ihm gibt es den fatalen Pakt: die »Wahrsageverträge«, in denen die Dämonen den Menschen Erfüllung im Irdischen anbieten und sich dafür die Seele überschreiben lassen.

Es ist nicht ganz geklärt, ob Augustinus dabei bereits die Legende von Basilius kannte, in der eines der ersten Zeugnisse eines Teufelspakts vorliegt. Danach vertraut sich der Sklave des Bischofs Basilius dem Teufel an und schwört Christus ab, um die Liebe einer Frau zu gewinnen. Obwohl der Teufel seinen Teil des Vertrags einhält, geht die Geschichte gut aus, weil Basilius den Sünder befreit. Happy End also, das noch einmal vorkommen wird in der Literaturgeschichte, sogar an einem ihrer Höhepunkte: im *Faust*.

Goethe kannte die Geschichte aus den Zeiten der Renaissance, aus den Volksbüchern von Faust sowie aus der Verarbeitung des Stoffs in der Tragödie des Shakespeare-Vorgängers Christopher Marlowe, die um 1592 entstanden ist. All dem liegt die historische Gestalt eines Georg Faust zugrunde, der in der ersten Hälfte des 16. Jahrhunderts mit seinen magischen Künsten an Höfen und Universitäten auftrat und dort so bekannt wurde, dass sich Legenden um seine Ge-

229

stalt formierten. Den Kern bildet das Teufelsbündnis mit der Folge all jener Wunderdinge, die auch Goethe aufgreift: Luftfahrt mithilfe von Mephistos Mantel, Ritt auf dem Fass, wundersame Beschaffung von Wein und so fort.

Bei Goethe heißt dieser Faust mit Vornamen Heinrich, was wohl auf Heinrich Agrippa von Nettesheim verweist, der in der Tat besser zur Konzeption passt als die allzu märchenhaft gewordene Figur des ›historischen‹ Doktor Faustus. Faust ist ja ein Wissenschaftler, ein Kenner der Juristerei und Medizin wie ebenfalls Agrippa. Vor allem ein ›Ringender‹, dem es um die Lösung des Rätsels geht, welches Wissen auf Erden möglich ist. Gewiss lässt sich auch Faust auf dem Mantel davontragen und ist dabei in Auerbachs Keller, wo Mephisto die Studenten mit seinen Zauberkunststückchen verwirrt. Aber dieser Faust erlebt ja die Tragödie seiner Tat in der Gretchenhandlung und muss dann durch den riesigen zweiten Teil des Werkes, ehe er erlöst wird.

Natürlich hat Goethe nicht mehr an die Dämonen des Augustinus geglaubt. Vielmehr wird der Bund symbolisch, steht für einen ›inneren‹ Bund, den derjenige schließt, der in dieser Welt sein Glück sucht. Das Interessante liegt darin, dass es die Figur des Magiers ist, an dem sich dieses Schicksal entscheidet. Faust wurde Magier, weil er an der Wissenschaft verzweifelte. Aber er scheitert als Magier erst recht. Man kann es drehen und wenden, wie man will: Die Wissenschaft ist es nicht, die Erlösung bringt. Aber gewiss auch nicht die Magie.

Der Geisterbeschwörer Cagliostro

Die Geschichte der großen Magier endet nicht zufällig in den Zeiten der Aufklärung. Aber sie klingt nicht leise aus, sondern findet ihren Abschluss in einem großen Paukenschlag. Zum Schluss tritt ein Betrüger von Format auf, der halb Europa um den Verstand bringt. Dabei handelt es sich um Guiseppe Balsamo aus Palermo, der in einem Kloster medizinische und chemische Kenntnisse erwarb, um dann als Graf von Cagliostro in die großen Zentren Europas zu gelangen: Petersburg, Warschau, London, Paris, Rom. Die Geschichte dieses Umtreibens ist auf zwei Seiten nicht zu erzählen. Beinahe interessanter aber als der Betrüger ist seine Wirkung: die Reaktion der ›aufgeklärten‹ Gesellschaft im Zeitalter der Französischen Revolution.

Dabei muss man zunächst hervorheben, dass dieser Magier neben seinem Wirken als Wunderarzt, Wahrsager und Alchemist eine Spezialität praktiziert: die Geisterbeschwörung, speziell der Geister von Toten. Wie er vorging, wurde mehrfach dokumentiert. Schon seine Anfänge im kurländischen Mitau finden 1779 ihre Entlarvung in einer gedruckten Veröffentlichung. Als Cagliostro kurz danach in Straßburg sein Unwesen treibt, wird Goethe zum ersten Mal auf ihn aufmerksam und zeigt sich bestürzt darüber, dass sein Freund Lavater begeistert reagiert. Als »Narr« und »Lump« bezeichnet er Cagliostro im Brief – und hat sich wenige Jahre später mit Lavater nichts mehr zu sagen.

Dann wird 1785 in Paris die Halsbandgeschichte aufgedeckt: Die Königin hat den Kauf eines superteuren Schmuckstücks abgelehnt, worauf sich ein Kardinal zum Erwerb hinreißen lässt, um verlorene Gunst zurückzugewinnen. Der Preis wird gezahlt, aber der Schmuck ist weg – der Drahtzieher Cagliostro verschwindet fürs Erste in der Bastille. Goethe ist über die Dummheit und Frivolität der ›höheren‹ Gesellschaft derart entsetzt, dass er auf seiner Italienreise die Spur Cagliostros verfolgt und dessen ›Stammbaum‹ schließlich einer Veröffentlichung für wert hält. Unterdessen kommt der Betrüger frei, setzt seine Tätigkeit fort, wird zuletzt vom Papst in Rom zum Tode verurteilt und endigt begnadigt sein Leben in einer italienischen Festung.

Worin lag für einen Zeitgenossen wie Goethe das Faszinierende an dieser Erscheinung? »Es ist erbärmlich zu sehen, wie die Menschen nach Wundern schnappen, um nur in ihrem Unsinn und Albernheit beharren zu dürfen«, heißt es wieder einmal brieflich. Der große Fortschritt der Kultur in Richtung Aufklärung, Wissenschaft, ist bedroht. Ein bisschen Geheimnis, ein bisschen Dunkel genügt, um gestandene Männer und Frauen aus der Bahn zu werfen. Darüber hinaus entdeckt Goethe noch ein anderes Motiv: Die Wissenschaft hat das Begreifen der Welt schwieriger gemacht. Deshalb mehr als je zuvor der Hang zum ›Einfachen‹, zum ›direkten‹ Zugriff auf die Kräfte der Natur. Und nicht zuletzt die Enttäuschung, dass in einer immer mehr ›wissenden‹ Welt die Seelen umso leichter verdorben werden.

Statt eines Literaturverzeichnisses

Das vorliegende Buch verdankt seine Entstehung einem anderen Buch: meiner Darstellung *Magie. Zur Geschichte des Streits um die magischen Künste unter Philosophen, Theologen, Medizinern, Juristen und Naturwissenschaftlern von der Antike bis zur Aufklärung* (München: Fink, 2001). Anlässlich der Übernahme durch den Verlag Neue Zürcher Zeitung, ebenfalls 2001, entstand die Idee, einige Artikel zum Thema für die Sonntagsausgabe der *Neuen Zürcher Zeitung* zu schreiben. Sie erschienen in der Rubrik »Verflixt«. Irgendwann hat sich dieses Schreiben so verselbständigt, dass der Raum der Zeitung nicht mehr ausreichte. So entstanden die insgesamt hundert Beiträge zum ganz normalen Aberglauben im Alltag.

Es handelt sich nicht um eine wissenschaftliche Untersuchung. Wer Kontakt zur Forschung wünscht, sei auf das *Magie*-Buch verwiesen. Ich möchte aber hervorheben, dass auch die vorliegenden Artikel ihre Väter und Mütter haben. Am meisten profitiert habe ich vom *Handwörterbuch des deutschen Aberglaubens*, hrsg. von Hanns Bächtold-Stäubli (Berlin und Leipzig 1927–42, Neudr. 1987). Die neun Bände plus Register sind zeitbedingt, aber dank der Schweizer Führung nicht NS-verseucht, wie eine Leseprobe aus dem Artikel *Jude, Jüdin* in Band 4 (1932) verdeutlichen mag: »Die heutige antisemitische Literatur wendet sich vor allem an den Halbgebildeten, der unkritisch alles Gedruckte glaubt ...«. Wer hätte gedacht, dass so etwas bis 1945 in jeder besseren Buchhandlung zu finden war? Leider deckt jedoch selbst dieses riesige Werk nicht alle Gebiete ab, vernachlässigt zum Beispiel sehr die Alchemie. Man muss also auf weitere Standardwerke zurückgreifen.

Dabei ist an erster Stelle auf das Lebenswerk eines amerikanischen Forschers zu verweisen, der in acht dicken Bänden die Geschichte der Magie dargestellt hat: Lynn Thorndike, *The History of Magic and Experimental Science* (New York 1932–58). Wohl niemand wird sich mehr dieses Wissen aus den Quellen (mit Reisen zu sämtlichen großen Bibliotheken Europas) aneignen können, auch wenn die Akzente immer wieder wechseln werden. Für Thorndike war die Magie eine Vorstufe, sogar ein Stück gemeinsamen Weges mit der Wissenschaft. Dies ist Allgemeingut geworden, stellt meines Erachtens jedoch eine Verzerrung dar. Man muss mindestens mit gleicher Intensität betonen, dass der wissenschaftliche Geist sich von Anfang an *gegen* das magische Weltbild gewendet hat. Die Entstehung der modernen Wissenschaft verdankt sich sicher gewissen Vorbereitungen in einer mathematisierenden Astrologie oder experimentierenden Alchemie. Das Entscheidende ist jedoch die Abwendung gewesen. Der Wille, sich von einer Vorstellung von der Natur zu lösen, die für den Menschen da ist, mit der er in einer sympathetischen Einheit lebt, die dann Wunder ermöglicht.

Man kann sich in diese Diskussion vertiefen, wenn man Darstellungen liest wie die von der großen alten Dame der Magieforschung, Frances A. Yates: *Gedächtnis und Erinnern. Mnemonik von Aristoteles bis Shakespeare* (Weinheim 1990), oder *Giordano Bruno in der englischen Renaissance* (Berlin 1989) – und etwa die brillante Studie ihrer viel jüngeren Kollegin Claudia Schmölders dagegenhält: *Das Vorurteil im Leibe. Eine Einführung in die Physiognomik* (Berlin 1995). Weiterhin existieren gute Überblicke. Für die Antike nenne ich Georg Luck, *Magie und andere Geheimlehren in der Antike* (Stuttgart 1990). Fürs Mittelalter zwei gleichzeitig erschienene Werke: Christa Habiger-Tuczay, *Magie und Magier im Mittelalter* (München 1992), und Richard Kieckhefer, *Magie im Mittelalter* (München 1992). Als Beispiel für die Anregungen, aber auch Schwierigkeiten, die ein Goethe mit der Magietradition hatte: Rolf Christian Zimmermann, *Das Weltbild des jungen Goethe* (München 1969).

Darüber hinaus gibt es Einzelthemen, die brillante Darstellungen gefunden haben. Das Hexenwesen durch Wolfgang Behringer, *Hexenverfolgung in Bayern. Volksmagie, Glaubenseifer und Staatsräson in der frühen Neuzeit* (München 1987). Die Alchemie ist mit der älteren Arbeit von Edmund O. Lippmann vertreten: *Entstehung und Ausbreitung der Alchemie* (Berlin 1919–54). Zur Auseinandersetzung mit den Zielsetzungen der Alchemie empfehle ich: Mircea Eliade, *Schmiede und Alchemisten* (Stuttgart 1960). Das Kapitel über Zeichen und Zeiten hat niemand gründlicher erforscht als Dieter Harmening: *Superstitio. Überlieferungs- und theoriegeschichtliche Untersuchungen zur kirchlich-theologischen Aberglaubenliteratur des Mittelalters* (Berlin 1979). Das Material besonders der deutschen Tradition der frühen Neuzeit breitet Will-Erich Peuckert in zwei monumentalen Werken aus, die freilich selbst nicht immer ganz frei sind von magischem Denken: *Pansophie. Ein Versuch zur Geschichte der weißen und schwarzen Magie* (Stuttgart 1936) und *Gabalia. Ein Versuch zur Geschichte der magia naturalis im 16. bis 18. Jahrhundert* (Berlin 1967).

Schließlich ein letzter Wink. Jeder, der sich mehr mit dem Thema beschäftigen möchte, muss irgendwann einmal anfangen, die Quellen zu lesen. Dies ist leider gerade auf dem Gebiet der Magie schwierig. Einerseits hält sich die Wissenschaft oft genug vornehm zurück. Andererseits ist das, was existiert, in kommentierenden Begleittexten nicht selten reichlich getrübt. Aber es gibt Zuverlässiges und auch Erreichbares.

Zur Astrologie existiert eine Neuausgabe der deutschen Übersetzung der *Tetrabiblos* von Ptolemäus (Mössingen 2000). Die *Naturkunde* von Plinius dem Älteren liegt gut kommentiert vor, hrsg. von Roderich König und Gerhard Winkler (Darmstadt 1997 ff.). Zur Dämonenlehre lese man einmal Augustinus, *Vom Gottesstaat*, hrsg. von Carl Andresen (München 1985), speziell die Bücher 6–10. Über Zauberei im Mittelalter informiert Johannes Hartliebs *Buch aller verbotenen Künste, des Aberglaubens und der Zauberei*, hrsg. von Falk Eisermann und Eckhard Graf (Ahlerstedt 1989). Als Taschenbuch erhältlich ist Jakob Sprenger und Heinrich Institoris, *Der Hexenhammer*, hrsg. von J. W. R. Schmidt (München 1982). Nur noch antiquarisch zu erwerben ist Agrippa von Nettesheim: *Die magischen Werke* (hrsg. von Kurt Benesch, Wiesbaden 1988). Die beste Paracelsus-Ausgabe hat vor Jahren die Wissenschaftliche Buchgesellschaft vorgelegt: *Werke*, hrsg. von Will-Erich Peuckert (Darmstadt 1965–76). Die Paracelsus-Rezeption wird soeben in Texten und perfekten Kommentaren vorgelegt: *Der Frühparacelsismus. Erster Teil*, hrsg. von Wilhelm Kühlmann und Joachim Telle (Tübingen 2001). Aus der Neuzeit nenne ich noch die Quellen zur Rezeption von Cagliostro: *Cagliostro. Dokumente zu Aufklärung und Okkultismus*, hg. von Klaus H. Kiefer (Leipzig und Weimar 1991), sowie Johann Caspar Lavater, *Von der Physiognomik*, hrsg. von Karl Riha und Carsten Zelle (Frankfurt a. M. und Leipzig 1991).

Nicht vergessen sei schließlich eine Quelle für Quellen und natürlich auch Darstellungen, die unerschöpflich ist, aber auch ihre Tücken hat: das *World Wide Web*. Als ich wissen wollte, wo man welche Pendel bekommt, fand ich dort ebenso Antwort wie bei Recherchen nach Bauernregeln oder Liebeszauber. Aber Vorsicht! Nicht immer merkt man gleich, wer hier mit welcher Absicht schreibt. Und manchmal ertrinkt man in den Angaben – zu Cagliostro beispielsweise in über 500 000 Einträgen.

Abbildungsnachweis

17 Hexen, Geister und Dämonen
Hexen beim Wetterzauber. Aus: Ulrich Molitor: De laniis
et phitonicis mulieribus. Leipzig 1495.

47 Magische Zauberei
Talisman der Katharina von Medici. Aus: [Henri Estienne:]
Discours de la vie [...] de la Roine Catherine de Medicis.
[Genf] 1575.

77 Magie in der Natur
Heilung mit Pflanzen. Medizinisch wirksame Gartenrose,
aus dem Wiener Dioskurides Cod. Vind. Med. gr. 1, um
512 (Österreichische National-Bibliothek, Wien).

105 Astrologie
Keplers Horoskop für Wallenstein (Bildarchiv der Öster-
reichischen National-Bibliothek, Wien).

135 Alchemie
Lebenselixir. Aus: Janus Lacinius (Hrsg.): Pretiosa mar-
garita novella de thesauro, ac pretiosissima philosophorum lapide [...]. Venedig 1546.

157 Wahrsagung
Leberschau. Nachzeichnung eines Bronzespiegels aus Tus-
cania, 3. Jh. v. Chr. (Museo Archeologico Nazionale, Florenz).

183 Zeichen und Zeiten
Ähnlichkeiten zwischen Pflanzen und Tieren nach Giambattista della Porta. Aus: Giambattista della Porta: Phyto-
nomonica. Octo libris contenta. Frankfurt a. M. 1591.

211 Große Magier
Giovanni di Stefano (1443 – um 1504): Hermes Trismegistos. Marmormosaik, 1488 (Dom zu Siena).

Zum Autor

Karl-Heinz Göttert ist Germanistikprofessor an der Universität Köln. Der Schwerpunkt seiner Forschungen liegt im Bereich der Kulturgeschichte, speziell der Rhetorik, der Sprachgeschichte, der Konversationstheorie und der Magie. Außerdem beschäftigt er sich mit Orgeln und Orgelmusik und schreibt gelegentlich historische Kriminalromane.